★ ESSENTIAL KNOWLEDGE FOR MAKING SENSE IN ENGLISH ★

英語感覚を
身につけるための
「ネイティブの常識」

ジェームス・M・バーダマン
James M. Vardaman

大修館書店

PREFACE
はじめに

　英語を学んでいる日本人からときどき「ボキャブラリーか文法か、どちらを先に学ぶべきですか？」と聞かれます。その答えは「両方、同時に」です。そのふたつを少しずつでも、同時に学んでいくことが必要です。

　しかし、彼らが見逃しているのは実はボキャブラリーでも文法でもないのです。

　本書で取り上げているのはある意味「ボキャブラリー」の枠内に入るかもしれませんが、あまり学校や教科書では注目されないものです。英語という言語は単独の単語だけで成り立っているわけではありません。本書で取り上げている表現は、多くの英語のネイティブ・スピーカーが毎日使っている表現（2つの言葉から完全なセンテンスまで）です。

　ネイティブ・スピーカーは、表現の1つ1つの意味とどの場面で使えば良いかを、会話や読み物のなかで学びます。そうやって、英語のカルチュラル・リテラシー（特定の社会の成員が共有する教養）を身につけていきます。それらを獲得することによって、個々の表現が「何」だけではなく、「誰と」、「どこで」、「いつ」、「どうやって」使われるのかを学ぶのです。英語で円滑なコミュニケーションをするためには、実際の社会のさまざまな場面のなかで、相手によって、状況によって、タイミングによって適切な言葉・表現を使うことが重要です。本書の意図はその手助けをすることにあります。

コミュニケーションのそれぞれの場面には独自のニュアンス、特徴があります。

　例えば、英語では、どんな人に対しても you を使うことができます。相手の年齢、社会的立場、職業、あるいは相手との関係にかかわらず you が使えます。しかし、日本語では「あなた」、「きみ」、「お前」、「お客様」などいくつかの選択肢から気を配って選ばなければなりません。場違いなものを選べば、失礼になったり丁寧すぎて硬い言葉になったりします。I も同じで、「私（わたくし）」、「私（わたし）」、「僕」、「俺」、「自分」などがあり、文法を考える前に、状況によって主語を決めなければなりません。決めるのは case by case と言っていいでしょう。これは日本語のカルチュラル・リテラシーについての話ですが、英語でも同様です。

　多くの場面を体験することが必要な語学学習のこの部分は、永遠の課題といえるでしょう。ここには、近道はありません。しかし、さまざまな人や場面、反応を見ることによって、ニュアンスを覚えることはできます。正しい言葉（ボキャブラリー）、正しい形（文法）を選ぶには、個々の単語や文法の規則だけではなく、言葉のコンビネーションを学ばなければなりません。

　ネイティブ・スピーカーはこれらの表現を日常生活の中で身につけていきます。しかし、英語の環境の中で暮らさなくても覚えていくことはできます。本書で取り上げている「言い回し」を、とりあえず毎日１つでも、身につけていくことです。

　繰り返しますが、単独の言葉の「ボキャブラリー」ではなく、「決まり文句」としてワンセットで覚える必要があるのです。そして、覚えたものは自分の knowledge base（基礎知識）となります。その基礎が広くなることによって、英語の理解力が高まっていきます。

　本書で取り上げている表現を選ぶに当たって、ある調査を実施しまし

た。数十ページにわたる英語の言い回しについてのアンケートを用意し、それを大学卒のアメリカ人、25歳から55歳の男女同数に渡して、その使用頻度をマークしてもらいました。それらを集計して、より多く使われている表現を本書のベースにしています。それによって、特定の性別や年齢に限定することなく、広く日常的に使われているものを選ぶことができました。

また、本書の素材選びのために英語圏で評判の高い英語辞書とその関連の専門書、語学研究論文などを参考にしました。特に *The Dictionary of Cultural Literacy: What Every American Needs to Know*、E.D. Hirsch, Jr., Joseph F. Kett, and James Trefil, 2nd edition, Houghton Mifflin Company, 1993 は、本書の根本である「なぜ英語のカルチュラル・リテラシーが重要なのか」の基礎となった書物です。

なぜ「カルチュラル・リテラシー」が英語学習に必須なのか

本書で取り上げている表現は、広くアメリカ英語で使われているもので、英語学習者には重要な情報資源になると思います。トレンディーなはやりの表現ではないので、すぐに古くなることもありません。日常的な会話や新聞・雑誌などの読み物で出会うものなので、本書に登場する表現は必須とお考えください。

これらの表現の意味、そしてニュアンスは、センテンスの中で理解してもらいたいのです。そこに使われている単語は難しくありませんが、クラスター（ひとつの塊）として理解することが必要です。

次の3つのフレーズを見てください：
at all times / at all costs / at all

最初の **at all times** は比較的分かりやすく、この３語から **always** とい
う意味だろうと推測するのは容易でしょう。ふたつ目の **at all costs** はち
ょっと分かりにくいので、意味を知ると同時にクラスターとして覚える
ことが必要になります。**cost** が「お金、値段」の意味だと知っていても、
「何としても、どんなことがあっても」というニュアンスにはなかなか
たどり着けません。最後の **at all** は初めて出会うと全く分からないと思
います。たとえ各単語が簡単でも、クラスターとして覚えていないと、
理解は無理でしょう。**Do you exercise at all?** では「少しでも」の意味で
すが、使われる状況によってニュアンスが変わってきます。

　初めて出会った表現の場合、思い込みは危険です。**every so often** は
frequently という意味でしょうか？　いいえ、その逆に、**infrequently**
という意味になります。また、別の例ですが、**The trip takes a good three
hours.** では **good** はどういう意味を持つのでしょう？　これは「たっぷ
り」という強調の意味になります。

　multi-word expressions（2 語以上の表現）は、話し言葉でも書き言葉
でもよく出てくるので、**unit** として身につけることが望ましいのです。

　英語を母語としている人は、その表現の最初だけを聞いたり読んだり
すればその続きが予測できます。例えば、**tie the ...** だけで、おそらく次
の言葉は想像でき、自動的に **tie the knot**（結婚する）と分かるでしょ
う。また、**better late ...** だけで、**better late than never** ということわざが
浮かんできます。そして、イギリスなら、**fish and ...** とくれば、**fish and
chips** を思い浮かべます。このようにクラスターとして覚えておけば、
次に来る語が想像できて会話や文書の理解度が早くなります。

　multi-word expressions といっても色々な形があります。短いものの
例としては **strong tea**（濃いお茶）、イディオムの **spill the beans**（秘密
をバラす）、完全な文章なら、**You can't judge a book by its cover.**（外見で
中身を判断してはいけない）などがあります。

言葉の 20〜50% はこういう「複数単語の表現＝クラスター」からできています。英語の学習者にとってまず必要なのは、「クラスター（塊）」として理解することです。残念ながら、こういうクラスターは日本の英語教科書ではあまり注目されていません。

　ときに学習者が混乱するのは、multi-word expressions の中には言葉通りの意味と比喩的な意味の 2 つがある場合です。例えば、決まり文句 bread and butter はそのままの意味の「パンとバター」と比喩的な意味の「生活費、収入を得る活動」があります。red tape も、「赤いリボン」と「官僚的な複雑な手続き」、at the end of the day は「夕方」と比喩的に「結局」という具合です。これらの違いは会話や文書のコンテクストから理解することになるでしょう。

　また基本的なイディオムについて、学校英語では distribute と submit という入学試験に出そうな単語が注目されますが、日常会話でよく使う hand out と hand in は見逃されているように感じます。本書では、そのような重要なイディオムを多く見ていきたいと思います。

　もう 1 つ Tell me about it! は「それについて細かく説明してほしい！」という意味でしょうか。違います。「よくわかりますよ、それ！」という意味です。

　さらに、英語の日常で使われる言葉は、大きく 3 種類に分類できます。それは言葉の由来によるもので、大雑把にいうとアングロ・サクソン系の言語、フランス語、ラテン語またはギリシャ語の 3 つです。アングロ・サクソン由来の表現は中立またはカジュアル。フランス語出身の表現はソフィストケートされた言い方。ラテン語・ギリシャ語由来のものはより抽象的、または科学的です。その 3 種類の例として、rise, mount, ascend、または go, depart, exit があります。最初の単語は、アングロ・サクソン系で、より直接的、具体的、感情的で、日常的な会話や簡単な文章に多く使われます。実は、これらの 3 種類から 1 つだけを覚えて

使えばいいというわけではありません。フォーマル、カジュアルという区別だけでなく、それぞれの場面で最も適切な言葉が使える語学センスを身につけたいものです。このような register（言語使用域；特有・適切な言葉使い）もカルチュラル・リテラシーの一部なのです。

　それでは、学習者はどのようにしてこのような言い回し、表現を覚えていったらいいのでしょうか。なによりも重要なのは集中的にものを読む、人の話を聞くことです。読んで、聞いて、記憶に「残しておく」。そして別の場面で出てきたとき、そのまま、クラスターとして呼び出すことができるようにする。クラスターとして覚えていると、一瞬で理解できるようになります。

　本書では、ネイティブ・スピーカーの間で日常的な場面に出てくる表現を「気づいて、そして理解する」ことを第一段階とし、そして第二段階で「自分で使えるようになる」ことを目標にしています。この本に出てくる単語は読者の多くがすでに知っているものでしょう。しかし個々の単語ではなく、表現のクラスターという概念でとらえていただきたいと思います。ページに限りがあるので、本書に必要なものがすべて網羅されているわけではありませんが、基本的なものから理解し、覚えていけば、必ずコミュニケーションの現場で役に立ちます。

　最後に、本書の企画から完成まで協力いただいた編集者の細田繁さんと本書の出版を実現してくださった大修館書店の五十嵐靖彦さんに心より感謝いたします。

2023 年 6 月　ジェームス・M・バーダマン

CONTENTS 目次

CHAPTER **4**

BUSINESS & THE ECONOMY
ビジネス・経済活動

CHAPTER **5**

ANIMALS & NATURE
動物・自然

CHAPTER **6**

DAILY LIFE & THE FAMILY
日常生活・家庭

CHAPTER **7**

HISTORY & GEOGRAPHY
歴史・地理

CHAPTER **8**

 HUMAN RELATIONS, EDUCATION, & LANGUAGE
人間関係・教育・言語

1

SPORTS & ENTERTAINMENT

{ スポーツ・娯楽 }

三振はアウト！

　アメリカの国民的スポーツであるベースボール（「野球」ではなく！）からいろんな表現が生まれたことは不思議ではありません。

　まずはピッチャー関連の表現を見ることにします。一般の人が投げるのは直球で、カーブなどは投げません。そこで、throw *someone* a curve ball は予測していない質問や解決しにくい問題を「投げる」こと。普通は人に聞かないような質問を受ければ、それにどう対応すればいいのかが分かりません。She threw me a curve ball when she asked if I was married.（彼女は私に結婚しているのかと聞いて、返答に困った）などと言います。

　バッターは、three strikes で、out になります。ですから two strikes ならば、それは「不利な状態、希望が薄い」という意味になります。*have* two strikes against *someone* のように使います：I have two strikes against me in looking for a job—my age and lack of experience.（私は年齢的にも経験不足の点でも職探しには不利です）。

　また、質問に答えるときに 3 回間違いを言うと、相手が Strike three! と言うこともあります。

　バッターの打球が飛び出すさまを right off the bat と言います。そこから「直ちに、即座に」という意味になります。例えば、I liked him right off the bat.（初めて会ったときすぐに彼が好きになった）または、I told her right off the bat that I didn't think the plan would work.（その計画は上手くいかないと思うと即座に彼女に言った）。つまり「間を置くことなく」ということです。

　1 塁に到達することは get to first base ですが、そこから「上手くやる」という意味ができました。例えば、上手く付き合うことができなかった、あるいは商談が上手くいかなかったときには、I couldn't get to first base with him.（全く進展はありませんでした）と言います。

エースを狙って

ace という言葉がトランプからきたのか、またはテニスからきたのかはよく分かりませんが、名詞としても動詞としてもよく使います。

トランプでは ace は一番の価値を持つ札で、その意味からいくつかの表現が生まれました。have an ace up *one's* sleeve は言葉通りならば「そでにエースを隠し持っている」ということで、もちろん不正行為・反則ですが、比喩として、「勝つためや成功するために役に立つ秘密の切り札［奥の手］を持っている」という意味を持ちます。例えば、仕事を探すときに、要求されている能力を持っているが、「その上の特技として」いくつかの外国語を話せる。それも「秘密の切り札」かもしれません。

動詞としての ace は「うまくやる、ばしっと決める」という意味です。テニス、バレーボールなどのスポーツでは、相手が反応できないところにサーブを打てると、service ace となるので、「決定的な」プレーを指します：Messi aced the free kick and his team won.（メッシがフリーキックを決めて、彼のチームが勝った）。そこから別の場面でも使います：I aced the interview and was offered the job.（就職の面接がバッチリうまくいって、入社のオファーをもらいました）。

形容詞としても ace を使えます。特に優秀な人に対して、例えば、an ace player、an ace pilot、an ace figure skater などと使えます。

クォーターバックは司令塔

アメリカンフットボールでは、the quarterback（クォーターバック）が最重要プレーヤーで、次のプレーを決める（call the plays）司令塔です。ビジネス界では CEO、部長などがその役を果たすので彼らを the quarterback とも言います。

相手チームがどんどんゴールに迫ってきたとき、自チームのゴールラインを強力に守って敵が得点できないようにすることを make a goal line stand（ゴールラインで抵抗をする）と言います。ビジネス界ではライバル企業が市場で自社よりも優位にならないようにするときに、We have to make a goal line stand. のように言います。

アメリカンフットボールの試合が始まる前に、各チームのキャプテンとレフェリーがフィールドの真ん中に集まり、コイントスで（1）どちらが最初にボールを蹴るか、そして（2）どちら側を守るかを決めます。そのトスの前、アウェイチームが heads or tails を選ぶ権利を持ちます。heads（コインに刻んだ人の顔（頭））か tails（刻んだ動物、鳥、例えば鷲）か。そしてレフェリーがコイントスをします。確率は 50% です。そこから「どうなるか微妙で五分五分だ」という意味で It's a toss-up. と言います。また、We have a fifty-fifty chance of succeeding.（成功するかどうかは五分五分だね）のような言い方もあります。

バスケットボールでは、プレーヤーがジャンプしてバスケットリングの高さより上までボールを運び、ボールを直接バスケットに強く投げ入れる（slam dunk）と、必ず点になります。確率が 100% で、さらに「印象的なアクションです」。その印象的な様子と高い確率（絶対的だ！）を合わせて、The film was a slam dunk, and it won several Academy Awards.（あの映画は強烈にインパクトがあったので、アカデミー賞をいくつももらった）のように言います。

痛手を受ける

　プロボクシング界では heavyweight はヘビー級の選手を指しますが、企業など一般の世界では「非常に有力な、影響力のある」つまり別の意味で「力を持つもの」にも使います：Google is a heavyweight in the world of information technology.（IT の世界ではグーグルは大物です）/ The company is protected by a team of heavyweight lawyers.（その会社は大物の弁護士に守られている）。反対に「軽い［影響力のない］人や組織」を lightweight とからかうこともあります：When it comes to research, the professor is just a lightweight.（この教授は研究の世界ではまだ影響力の薄い存在だ）。

　ボクシングの試合中に相手の体を強く打撃するのは body blow ですが、その厳しさから経済界では Our company took a body blow during the recession.（不景気で弊社は痛手を受けた）のように言います。

　knockout（ノックアウト）はそのインパクトから「すごい美人」や「能力のすごい人」を指します。口語では She's a knockout. のように言いますし、また、形容詞として Ayumu gave a knockout performance at the Winter Olympics.（（平野）歩夢は冬季オリンピックで目を見張るパフォーマンスを見せました）のような言い方をします。

　ボクシングの試合で、トレーナーがボクサーの状態を見て「もうダメだろう」と思ったときに、レフェリーに「ボクサーに試合をやめさせる」合図としてタオルをリングに投げます。他の場面でも負けを認めるときにこのタオルのイメージを借ります：I was so tired, I was ready to throw in the towel on the project.（疲れてしまったので、あの企画はやめようと思っていた）。

　ボクシングで、いわゆる「ベルトの下」を打つのはルール違反になります。そこから hit below the belt は「個人を責める発言をする、不公平な発言をする」という意味になり、That's hitting below the belt.（それは卑怯な言い方だ！）と言います。

イチかバチか

　話し言葉では、「不確かな、あやふやな」物事を iffy といいます：To me the information he provided is a bit iffy.（私から見ると、彼が提供した情報はちょっと不確かです）。つまり、疑わしいところがあるという意味です。Recently a lot of academic papers that are published are based on iffy research.（最近、ちょっと疑わしい研究をベースにしている学術論文が多く出版されている）のように使います。これらは信頼性の有無についてですが、より強く「怪しい、いかがわしい」というニュアンスでも使います。簡単な例を挙げると、The wine I just opened seems iffy.（今開けたワインは、なんか問題がありそうだ）。つまり、そのワインは保存状態が良くなかったので香りや味がイマイチだということです。

　競馬などのレース、ポーカーなどのギャンブルでは、a long shot（長距離の砲撃）というのは勝ち目が非常に少ないことです。勝てば大穴になる、当たれば（成功すれば）大きいものをもらえる場合で、I put money on a long shot and bought a lottery ticket.（当たらないとは思うが、宝くじを買いました）のように言います。by a long shot は「大きな差をつけて」という意味で、肯定的な表現では、She's the best snowboarder in the country, by a long shot.（彼女はスノーボード選手として、国内ダントツです）。それの否定的な表現は、not by a long shot（まったくそんなことはない）。They haven't finished by a long shot.（終わったどころか、まだ始めたばかりだ）のように使います。

　飛行機が着陸してすぐまた離陸する情景から、事態が際どい場合のことを touch and go と言います：Whether the job will be completed on schedule or not is touch and go.（その仕事が時間通りに終わるかどうかは際どいところだ）。形容詞として使うときはハイフンを入れます。The climbers made a touch-and-go descent from the summit.（登山隊の頂上からの下山は危ういものだった）。

　話がうま過ぎる申し出に対して、「何か裏があるんじゃないか」「何かまずいことがあるのか」と疑う場合は、What's the catch? を使います。この場合の catch は「罠、引っ掛かるところ」という意味です。

よーい、どん！

　陸上競技でも、競泳でも、レースをスタートするときには決まった3つの段階の言葉、**Ready, set, go!**（米）が使われます。場合によって、**Ready, steady, go!**（英）とも言います。さらにもう一つ、**On your mark, get set, go!** という言い方もあります。

　レースに関しての表現で、**be off to the races** は言葉通りだと競馬など「レース」に行くという意味ですが、比喩的には「素早く行動する」という意味になります：**Let's grab a cup of coffee and piece of toast and it's off to the races!**（コーヒーとトーストを急いで食べて、すぐに出発しよう！）。この際の目的地は職場でもビーチでも OK です。

　いろいろなスポーツでボールが使われますが、それぞれ全く違うプレースタイル、ルールがあります。同じようなフィールドやボールを使うラグビーとアメリカンフットボールでさえ、ルールは全然違います。**a whole new ball game** は、自分にとって新しく、慣れてないゲームに対しての表現で、人生の中での場面にも使います：**I used to work in an office, so working in the fields is a whole new ball game.**（昔の職場はオフィスだったから、畑での仕事は全く違う新しい舞台になる）。

　スポーツのフィールドはどちらのチームにも有利、不利がないように、平らであることが望ましいです。そこから、「（経済的に）公平な競争の場（にいる）、同じスタートライン（に立つ）」ことを、**play on a level playing field** と言います。「公平な（平等な）立場を作る」は、**level〔even〕the playing field** で、**Changing the laws would help even the playing field.**（法律を変えることで、みんなに同じ平等な機会を与えることになる）のように使います。

　ベースボールの試合は **stadium**（スタジアム）で行いますが、球場は他に **ballpark** とも言います。球場は広いということから、大体の範囲、概算の喩えに使われ、**a ballpark figure** は「大雑把な」という意味で使います：**I'd say the whole trip would be in the ballpark of $4,000.**（大雑把に言うと旅行費は 4000 ドルになります）。

チャレンジする？

日本語ではあることに「挑む」ときには　チャレンジ（する）という言い方をよくしますが、それは英語の challenge の意味からは離れています。「挑む」ならば take a shot（at *something*）の方がいいと思います。

名詞として shot を使う由来は明らかではないのですが、もしかすると銃で撃つ動作ではないかと思われます。日本語の「当たってみる」に近いでしょう。

何かを果たす、特に難しいことをやってみる場合には take a shot（ダメモトで試してみる）を使います。うまくできるかどうかは分からないが、とりあえずやることにするということです：I've decided to take a shot at learning to cook.（ダメモトで料理を習うことにしました）。バスケットボール、サッカーなどのスポーツでは、take a shot at the basket／take a shot at the goal（シュートする）をよく使います。

shot は他の場面でも同様の意味でよく使われます。例えば、就職試験の面接に挑む友達を励ましたいときには Give it a shot.（頑張ってみて！）と言います。特に Give it your best shot! は「ベストを尽くして頑張ってね！」に近いニュアンスになります。自分の能力を全部使ってダメだった場合は、At least I gave it my best shot.（少なくとも、自分の持っている力は出し切ったんだ）のように言います。

具体的に、競馬などのレースでは、shot に、形容する数字を付けて勝つ可能性を示します。It's a 20 to 1 shot. と言うと、勝つと思われる可能性は 20 分の 1 で、たった 5％ くらい。競馬では、負けるだろうと思われた馬が奇跡的に勝てば、配当がすごく高くなります。

パーは基準打数

par はもともとラテン語で equal（等しい）の意味で、ゴルフでは「基準の打数」の意味で使われます。個々のホールを決められた打数で上がれば par、18 ホール全体を基準の打数（多くて 72）で上がればやはり par で、その基準打数のことを par for the course と言います。

この表現が一般にも使われるようになり、be par for the course で「平均的である」という意味となり、文脈によって「いいところだ、そんなところ（相場）だ」という意味を表すようになりました。比喩的には「いつものことだ、当たり前だ」という意味でも使えます。例えば、会社での残業が「当たり前」の場合、Several hours of overtime is par for the course at our company.（うちの会社では数時間の残業は当たり前だ）と言い、また、Ken is half an hour late, but that's par for the course.（ケンさんは 30 分遅れているが、いつものことだ）のようにも使います。

par は、軽い否定的な意味合いで使用されることが多く、例えば、feel below par は「ちょっと具合が悪い、元気がない」ことで、仕事が be below par のときは、「標準レベルまでいかない」という意味になります。逆に仕事が be up to par というときは、少なくとも「基準（平均）に達している」ということ。また、2 つのものが be on a par といえば、両方が「同じレベルにある」ことを意味します：His knowledge of Japanese history seems to be on a par with my own.（日本史に関する彼の知識は私のそれと肩を並べるほどのものだ）。

ゴルフコースは yards で測りますが、その際に使う yardstick はもともと「ヤード尺」の意味で、木または金属でできています。そこから転じて、yardstick は「比較・判断の標準、物差し」の意味として使われるようになっています：GDP is one yardstick that economists use to compare countries.（国を比較するときに経済学者が頼る基準の 1 つは GDP です）。

精神を集中する

　どんなスポーツでも、最高のプレーをするには、肉体的にも精神的にも準備ができていなければなりません。コーチの叱咤激励もあれば、瞑想に耽る選手や、音楽を聴いて気持ちを落ち着かせる選手もいます。どんな方法であれ、選手がそのような状態になることを get psyched up（精神を集中させる、心の準備をする）と表現します。be psyched up はその状態にいることです。

　get *someone* psyched up の形でも使います：He got himself psyched up in preparations for the final.（彼は闘志をみなぎらせて決勝戦に臨んだ）。これらの表現はスポーツだけではなく、人間関係や仕事にも使います：We were psyched up going into the negotiations.（私たちは勢い込んで交渉の場に臨んだ）。

　また、動詞 psych を使った表現に psych *someone* out があります。意味としては、「相手の心理を十分に読んで出し抜く」こと。例えば、マラソンで最初から最後までずっと同じペースで走らないで、「レースが始まった途端全速力で走って相手を出し抜く」作戦は、The runner psyched out the competitors by running at a fast pace from the beginning of the race. 実際のマラソンではこういう作戦はあまり成功しません。

　精神集中に関する表現として have *one's* sights set on *something*（標的を狙う）があります。ライフル競技や弓道のように照準（sights）に合わせて的を狙うことです。この表現は、矢を射たり、銃を撃つ意味だけではなくて、比喩的に、難関の大学に入りたい、流行の服が買いたい、英語能力試験で高い点数を取りたいなど、「狙いをつける、目標にする」などの意味で用いられるようになりました：Melissa has her sights set on becoming an architect.（メリッサは建築家を目指している）／ Long ago I had my sights set on traveling across Canada by train.（昔、列車でカナダを横断することを計画していました）。

継続は力なり

keep にはいろいろな意味があり、多くのイディオムに登場します。ここでは、基本的なものを少し確認しましょう。1つ目の意味は「続く」です。

keep *something* up という表現はバドミントンからきており、keep it up の it は、おそらくゲームに用いるシャトルコックのことを指しています。バドミントンでは、交互にシャトルコックを打ち合います。自分のコート内に落ちるとポイントを失います。だから、シャトルコックがいつも空中にあるように、双方とも必死になるわけです。そこから「たゆまず努力する、どしどしやる」という意味で使われるようになりました。人を励まして、いい仕事などを続けさせようとするとき、Keep up the good work!（いい仕事を続けて！）と言います。より一般的な便利な表現は、Keep at it!（頑張れ！）でしょう。

keep on *doing* や keep *doing* は「〜し続ける」という意味を表します：I was really tired but I kept on walking because the view was so beautiful.（疲れたけど、景色があんまり綺麗だったから歩き続けた）。

keep *something* going を使うのは商売、組織、定期的な活動についてで、「会話が途切れないようにした」は He kept the conversation going. で、「図書館を維持していくには結構な経費がかかる」は、It takes a lot of money to keep the public library going. のように言います。物事だけではなくて、「人」を keep *someone* going する場合もあります。「希望、精神的な力」を必要とする場合は Her support was the only thing that kept me going during tough times.（辛い時期には、彼女の精神的な支えがあってなんとか頑張れた）などと言います。

2つ目は「変化しない」ことです。keep warm（体を温める）、keep calm（平静を保つ）、keep busy（忙しい日々が続く）などです。

3つ目は「失わない」こと：I kept my father's letters for years.（父からの手紙をずっととっておいた）、Despite her health issues, Nancy always managed to keep her sense of humor.（健康に問題があったにもかかわらず、ナンシーはいつもユーモアのセンスを保っていた）。

有能さのバロメーター

野球からきた表現の **have a lot on the ball** は、「(シンカー・フォーシーム・フォークなど)多くの球種を持っている」ことですが、多くのバッターを手玉に取るところから「有能である、頭が切れる」という意味になりました：**My assistant has a lot on the ball.**(私のアシスタントは本当に有能なんだ)。

be on the ball は類似の表現ですが、ボールの上に乗っている人を想像してみてください。その人はパフォーマンスしている間、ボールから落ちないようにうまくバランスをとらなければなりません。そこからは「気を抜かない、気を張っている」という意味になりました：**He's really on the ball!**(彼は全く上手くやっているよ!)。人に「ちゃんとやってほしい」と伝えたいときは、**Get on the ball!**(慎重にうまくやり切りましょう)と言います。

rocket science は文字通り「ロケット科学」で、**rocket scientist** は「ロケット科学者」です。比喩的にこれらの言葉は、「頭の良い人がすること」と「頭の良い人」として使われ、アメリカではさらに **rocket scientist** は金融のスペシャリストを意味します。どうしてかと言うと、数学的知識を駆使して通貨や株の価格差を利用する金融商品を立案して、金融取引で儲けようとするからです。

一般的には、否定文で「専門知識がなくてもできる」というニュアンスで使います。例えば、**It's not [This isn't] rocket science.**(それは[これは]それほど難しいことではない)、**It doesn't take a rocket scientist (to do something)**((〜するのは)難しいことではない)などの形で使います。たとえば、**He's not exactly a rocket scientist.**(彼は天才(頭が切れる)というわけではない)や **You don't have to be a rocket scientist to interview pop stars.**(ポップスターを取材するのにそれほど能力はいらない)などのように言います。

またこれとほぼ同じ意味で **brain surgery**(脳外科)、**brain surgeon** も使います。

カードゲームの知恵

　カードゲームからきた表現で「適切な選択をすれば望む結果を得られる」ことを play your cards right と言います。タイミングよく、正しい順で場面を活用すれば良い結果が出るということです：If you play your cards right, you should get a promotion soon.（ことをちゃんと運べば、じきに昇進するでしょう）。

　お金を賭けてカードゲームをする際には、数色のチップを現金の代わりに使います。ゲームが全部終わった時点で cash in one's chips（現金化、清算）します。この表現を用いて自分のことをユーモアを込めて、When I cash in my chips, you can have my favorite electric guitar. と言ったりします。この場合の cash in one's chips というのは「死ぬ」ということ。つまり「僕が先にあの世に行ったら、僕の大好きなエレキギターを君に譲るよ」という意味になります。ちなみに「死ぬ」は、die より pass away の方が婉曲的で好まれるので、He died. より He passed away. を使うことをお勧めします。自分の死について、cash in my chips と軽く言うことは問題ありません。

　次もカードゲームからですが、when the chips are down というのは「（勝負に出て）チップを置くとき」つまり「真剣で難しい場面で」という意味で、本当に大切なことが何なのかを知るときのこと：When the chips are down, you can count on him.（切羽詰まった（いざという）ときには彼が頼りになります）。

　また、人生にはいろいろな場面があり、良い結果と良くない結果もあるという場合は、You win some and you lose some.（勝ちがあれば負けもあるよね、人生には）と言います。特に、上手くいっていないときには、You can't win 'em all.（いつも上手くいくとは限らないよ）と言ってあげましょう。

　ポーカーから生まれた The sky's the limit. は完全なセンテンスとして使います。直訳は「空が限度」ですが、「天井知らず」「無制限」の意味になります：Choose anything on the menu! The sky's the limit!（メニューから好きなものを注文していいよ、金額は気にしないで）。

数に入れないで

count という単語は、「数える」と考えがちですが、イディオムでいろいろな意味を持ちます。1つは信頼に関連する表現です。count on something or someone は誰かや何かを「当てにする、信用する」こと。前の項に出てきた When the chips are down, you can count on him.（切羽詰まった（いざという）ときには彼が頼りになります）や、You can count on what he tells you.（彼の話は信用できる）のように使います。「あまり期待しないで、あまり信じないで」と言いたいときには Don't count on it. となります。

ポーカーをしているとき、プレーヤーがテーブルの席から離れてちょっと休憩をしたいと思うとき、ゲームに参加する意思表示のアンティ（ante）を置かず、Count me out.（勝負から外してくれ）と言います。再度勝負に参加したいときは、Count me in.（入れてくれ）と言ってアンティを置きます。この表現はカードゲームから離れて、例えば食事会、旅行に参加するかどうかに誘われたときにも使えます。「仲間に入れて」なら Count me in. と言い「数に入れないで、仲間に入れないで」なら Count me out. と言います：If you're buying flowers to take to John at the hospital, please count me in.（入院しているジョンにお花を持って行くなら、私も入れて）。

希望的観測や願望的思考は、英語で wishful thinking と言います。ドイツ語の Wunschdenken からの loanword（借用語）です。そうなって欲しい物事が実現できると思いこむが、現実的に見ると絶対不可能な場合です："I bought bitcoin today because the price will go up 30% tomorrow!" "That's just wishful thinking."（「今日ビットコインを買った。明日には価格が3割上がるんだ！」「それはちょっと希望的観測過ぎるな」）。反答の文は、You hope.（楽観的過ぎるよ）とも言えます。You wish. というと「絶対ありえない」という意味になります。

まさにお手のもの

right up *one's* alley と right down *one's* alley は同じ意味「どんぴしゃ」で、ふたつの由来の説があります。まず、1つ目は、「路地」を意味する alley からきているとする説です。その路地に住んでいる人こそ地域をよく分かっている人であるということから「お手のもの、うってつけ」という意味になったというものです。

もう1つの由来の可能性は野球からで、ライトとセンターの間、そしてセンターとレフトの間のことを alley と言います。打者はこの右中間、左中間のいずれかを抜いたヒットを打とうとします。ヒットを狙うにはまさに「もってこいの」場所です。また、alley はストライク・ゾーンのど真ん中である可能性もあります。ヒットを打つには「うってつけの」コースです。今では比喩的に「まさにうってつけ」という場合に用いられるようになってきました：Translating French is right down his alley, because he lived in France for ten years.（彼は10年間フランスに住んでいたから、フランス語の翻訳はまさにうってつけの仕事だ）/ This job is right up [down] my alley.（この仕事は私の性分にぴったり合っている）。

野球関連の表現として、get [gain] the upper hand というのがあり、これは15世紀頃から使われていますが、現在ではチームの先攻後攻を決める方法です。バットの太い方を下にしてひょいと放り上げ、バットが落ちる前、相手がぎゅっとつかんで受け止めます。次に一方の選手がバットをつかんだ相手の拳のすぐ上をつかみます。交代でそれを繰り返して、グリップエンドの一番端をつかんだチームの勝ちになり、先攻か後攻かの選択権を得ます。他のスポーツで coin toss をするのと同様です。比喩的に「相手より強い、状況を支配する」という意味になります：My sister always tries to get the upper hand in our discussions.（姉は話し合いで、いつも優勢に立ちたがります）。

遠回しに言う

beat around the bush は直訳すれば「茂みの周りを叩く」という意味で、狩りに由来する表現です。

イギリスの貴族は狩りをするとき、獣を追い出すために森の中に分け入る「勢子（せこ）」という危険な役目は、みんな家来にやらせました。しかし、獲物を見つけるため藪の中に入り、いきなり獣と対峙しようものなら、生死に関わります。そこで、勢子を務める家来たちは列になって大声を上げ、茂みの周りをたたいて（beat around the bush）獲物を脅し出そうとしました。

そこから、beat around the bush が「遠回しに言う」の意味で使われるようになっていきました。Stop beating around the bush and tell me what you want.（遠回しに言うのはやめて、欲しいものをずばりと言いなさい）、Don't beat around the bush. Get to the point.（遠回しに言わないで要点に触れなさい）など否定の命令文でよく用いられます。

類似の言葉に roundabout があります。例えば、I heard it in a roundabout way.（そのことは人づてに聞いた）、Getting things done here is sometimes a very roundabout business.（ここで何かことを成し遂げようとしても、やたらと回りくどいことになりそうだ）などと使います。

さきほど beat が出たので、この語を使った他の表現を見ることにしましょう。例えば Why does he want such a big house?（彼はどうしてそんな大きいな家が欲しいんだろう）に対して、It beats me. あるいはただ Beats me. と言うと「それはわからないよ」という意味になります：It beats me why she married that fool.（彼女があのおばかさんと結婚した理由は分からないね）のように文のはじめにも使えます。

スポーツやカードなどの競技では beat は「勝つ」ですが、他の場合にも使えます。beat the heat は「暑さに耐える」ことで、We beat the heat with tall glasses of fresh lemonade.（作りたてレモネードで暑さをしのいだ）のように言います。

ダメモトで賭けてみる

jackpot とはなんでしょうか。ドロー・ポーカー（draw poker）という ポーカーゲームでは、ジャックのワンペア以上の役がなければ勝負に参加する資格がありません。そのため、ディーラーは、1人がワンペアか、それ以上役がそろうまで各プレーヤーに札を配ります。そうこうしながら各プレーヤーは賭け金を出していくので、テーブルの中央にかなりの金が積まれることになります。普通、ポーカーの1回の賭け金を pot と言います。ドロー・ポーカーではこれを jackpot と言うのです。そこで、hit the jackpot と言えば、「積み上げた賭け金を全て手に入れる」ことを意味します。それを比喩的に使って「大当たりをとる」have a big success という意味になりました。The Angels hit the jackpot when they signed Otani.（エンジェルスが大谷を獲得したのは大当たりだった）、The theater hit the jackpot with *Lion King*.（その劇場はライオン・キングを上演して、大当たりを取った）、Eliza is a wonderful person. Tom hit the jackpot when he married her.（イライザはすごくいい人で、彼女と結婚したトムは大当たりだったね）などと使います。

1857年に出版された、ハーマン・メルヴィルの *The Confidence Man: His Masquerade* では no harm in trying として出てきますが、一般的には There's no harm in trying. という表現が目につくようです。「やってみて損をすることはない」という意味ですから、「ダメでモトモト」と言ってもいいでしょう："Do you think we can do that?" "There's no harm in trying."（「私たちにできると思う？」「ダメモトでやってみよう」）。別な言い方には、What have we got to lose?（何も損はないでしょう？）があります。

リスクが高いからとひるんでいる相手に対して、Leave it（up）to me.（私に任せなさい）と言います。さらに強く主張したいときは、Just leave everything to me!（万事、私に任せてくれ！）と言いましょう。

take a chance はリスクを伴うけれども「賭けることにする」という意味です：Some immigrants take a chance on a better life in a different country.（ある移民は別の国でのより良い生活に賭ける）。

あらゆる手を使って

　競馬の世界では、ある種のレースにハンディキャップ制という方法が取られています。それによっていろいろな馬に勝つチャンスを平等に与えようとするものです。ハンディキャップには重量を加えたり、体重の重い騎手を乗馬させることもあります。強い馬はその能力に応じて多くのハンディキャップを負うことになるのです。そこで a lot of weight を負った馬は、強い馬、優秀な馬であることの証明にもなります。

　このことから、carry a lot of weight (*with someone*) は「(人に対して)影響力がある」という意味になりました：Roberta carries a lot of weight with her coworkers.（ロベルタさんは同僚たちに結構影響力を持っている）。これは、彼女の意見や行いが周りに強い影響を与えているということです。

　また、attach weight to 〜（〜に重要性を持たせる）もよく使われます。日本語の「〜に重きを置く」と似ています：She attaches weight to building good relations with everyone.（彼女は周りの人々と良い関係を作ることに重きを置いている）。

　操り人形は、人形師が糸で操ります。つまり pull (the) strings するのです。そのことから「陰で糸を引く、黒幕として影響を与える」という意味が生まれ、次のように使います：John seems to make all the decisions, but actually it's his wife who pulls the strings.（ジョンが全ての決定をしているように見えるけど、実際は彼の奥さんが裏で糸を引いているんだ）。

　pull a few strings というのは「少しばかり有利になるように裏で細工をする」ことです。I pulled a few strings and got good seats at the concert. は「(具体的には何をやったかは分からないが)ちょっと工夫して、コンサートのいい席を手に入れた」という意味です。さらに「いろんな手を使って」は、pull all kinds of strings と言い、He pulled all kinds of strings to get hired by this company.（彼はこの会社に入るためにあらゆるコネを利用した）のように使います。

危ない橋を渡る

ラルフ・ワルド・エマーソン（Ralph Waldo Emerson, 1803–1882）が書いたエッセイ "Prudence" の中に、In skating over thin ice our safety is in our speed. という一文があります。文字通りには「薄い氷の上を滑るときは、安全のために十分なスピードが必要」という意味ですが、エマーソンはこの表現を「危険な状況にいること」に対して比喩的に用いています。

skate on〔over〕thin ice は「危険に身をさらす」場合に使われるのが普通ですが、事実の確認をしていない話や周囲から非難・叱責を受けるかもしれないという場合にも使われます。例えば、You'll be skating on thin ice if you introduce that proposal to the committee.（その提案を委員会に出したら危ないよ）と言います。そのような場合によく、We may be on thin ice. あるいは We may be skating on thin ice.（危ない橋を渡ることになるかもしれない）と言います。文脈によって、「薄氷を踏む、危険を冒す」などの訳も可能です。多くの場合、進行形で使われます。

「危うい立場に立つ」ことは、go out on a limb とも表現します。木に登って枝の先（limb）まで逃げるのは、折れるかもしれないことを考えれば、かなり危ない行為です。このことから、go out on a limb は「自ら危うい立場に立つ」ことを意味し、自分から進んで「危ない橋を渡る」などの意味になります。そして、この表現はよく「自ら人のために」というニュアンスで使われます：She went out on a limb to help her friend.（彼女は友達を助け出そうと危ない橋を渡った）。

まずいことをやって、困ったことになっているのは be in hot water で、The finance minister is in hot water over his business dealings.（金融取引で財務大臣はまずい立場にいる）のように使います。同じ意味ですが、自らの行いでそうなったことを強調したいときは、get *oneself* in hot water を使います：His comments got himself in hot water again.（彼は自分の発言で、またまずい結果になった）。

下駄を履くまで

　有名な野球選手だったヨギ・ベラ（Yogi Berra, 1925–2015）は、ヤンキース（後にメッツ）のキャッチャー、そしてコーチ・監督としても活躍しましたが、プレーだけではなくその発言もユニークでした。

　その１つ、It ain't over till it's over.（終わるまでは終わっていない）は当たり前のことを言っているように聞こえる表現ですが、これは1973年、不振にあえぐメッツのコーチ時代の発言で、彼が言いたかったのは「最後の最後に何かが起こりうる」という意味でした。それに加えて、「結果がはっきりするまで望みを捨ててはいけない」という意味合いでも使われるようになりました。もう見込みがない状態であっても、奇跡は起こりうる、だからどんなに絶望的な状況であっても、人は努力が必要ということです。

　正確な由来は分かりませんが、come hell or high water は19世紀の初めくらいから使われてきたようです。地獄（hell）や高潮（high water）は昔の人にとっては最も恐ろしいものでした。これを乗り越えることなどとても不可能と考えられていました。しかし、何かをやり遂げようと固く決意した人は「地獄が来ようと、高潮が来ようとやり遂げる」という表現で「どんな障害があろうとも」と強い決意を表したのです。日本語の「雨が降ろうと、槍が降ろうと」に相当します：“Do you think your proposal will work?” “I'm determined to make it work, come hell or high water!”（「君の企画はうまくいくと思う？」「成功させますよ、何が何でも！」）。

　Nothing ventured, nothing gained.（何も危険を冒さなければ何も得られない）は「虎穴に入らずんば虎子を得ず」で、それに近い表現は No pain, no gain.（痛みなくして得るものなし）です。痛みに耐えながら練習しているスポーツ選手や仕事や勉強で頑張っている人に対する励ましの言葉として、よく使われるようになりました。

目一杯がんばる

　pull out all the stops（全力を傾ける）の由来はちょっと意外です。この stop はオルガンの「音栓」のことです。ストップ（音栓）はパイプに送られる風量を調節する役目を持っています。ストップを押せば音量が少なくなり、ストップを引けば音量が増え、最大音量を出すことになるのです。19 世紀後半から pull out all the stops は、比喩的に「最大限の努力をする」という意味で用いられました。「全力で頑張る、目一杯がんばる」といったところです：We're pulling out all the stops to make the event successful.（今度のイベントを成功させようと、目一杯がんばっている）。

　make the grade は「成功する、必要なレベルに到達する」ですが、「点数」とは関係ありません。アメリカで鉄道が建設されたとき、機関車が登るにはきつい勾配（grade）でもおかまいなしに工事を進めてしまいました。そうした急勾配を機関車はあえぎあえぎ登ったのですが、やっと登り切ったとき、機関士がほっとして The train made the grade.（なんとか坂を上がってくれた）と言ったのです。この make the grade が、いかにも「苦労して成し遂げる」というイメージにぴったりだったことから、障害を乗り越えて「目標を達成する、やっとのことで成功する」という意味で使われるようになりました：You've worked hard, so you're bound to make the grade.（一所懸命やったんだからきっと成功するよ）。

　車で「ガス欠になる」は、run out of gas（gasoline）と言いますが、車以外の主語も使えます：The economic recovery appears to be running out of gas.（経済の回復は頭打ちになってきているようだ）。また人間の活動にも使います。I ran out of gas toward the end of my climb.（登りの終わり頃には、すっかりバテてしまった）。また、run out of *something* は、ideas（アイディア）、free time（自由時間）、suggestions（助言）などについても使えます。

あなたの番です

テニス、バレーボールなどでは、ネットを越えて相手のコートにボールを返しますが、一度ボールを返してしまえばその後は相手次第です。何しろ The ball is in the opponent's court.（ボールは相手側のコートにある）のですから。そこから、The ball is in *someone's* court. という表現が生まれて、広く使われることになりました。

「さあ今度はあなたの番だよ」と相手に対して何らかの対応を促し、相手がどう出るかを待ちます。事態の推移は相手の「責任」や「考え」によります：The ball is now in your court. You have to decide what you're going to do.（この状況に対してどう行動するのか、それはあなた次第です）。また、部下の仕事ぶりが芳しくなく、上司が忠告してその反応を待つことにしたケースでは、I told him his performance has to improve or changes will be made. The ball's in his court now.（彼には成績が上がらなければ、ポジションが変わることになると言ったんだ。後は彼がどう行動するかだね）などと言います。

逆に相手からの提案、行動、発言にどう対応するか決めるのは私たちだという場合は、The ball is in our court now.（自分たちで決めることになります）と言います。

似ているのは、It's your call.（あなたが決める番だ）。これは、あなたが決める立場にあるということです。こちらの都合や希望などに遠慮せずに、「自分で決めてちょうだい」という意味："Would you like to eat Italian or Japanese food tonight?" "It's your call."（「今夜はイタめしにする？　それとも和食にする？」「あなたが決めてちょうだい」）。

チェスなどで「あなたの手番だ」の場合には、It's your move. と言います。そこから、一般的に「あなたが決めて、お任せします」を It's your move. と言うようになりました。

make up *one's* mind も「決める、決心する」の１つの表現です：I haven't made up my mind, but I might buy that car.（まだはっきり決めたわけではないが、あの車を買うかも）。I can't make up my mind と自分自身で迷うのはしかたがないことです。

ジャストタイミング！

　ボクシングでは、1 ラウンドが 3 分で、その間ずっと体を動かしながら、自分を守り、相手にパンチを出します。連続して相手に打たれて、なかなか逆襲できない状態のときに、ラウンド終了のゴングが鳴れば「危うく助かった」と思います。その状態が saved by the bell で、文字通り「ゴングに救われた」の意味です。スポーツだけではなくて、何かやりたくないこと、気が乗らないことについても、時間切れでやらなくて済んだときに、Saved by the bell! と言います。時間切れで危機や苦難を免れることができたということです。

　「突然」は suddenly ですが、別な言い方の all of a sudden はもっと強調した「まったく突然」という意味になります：I was driving home, when all of a sudden a motorcycle pulled straight out in front of me.（車で帰宅途中、突然私の前に一台のオートバイがすっと出てきた）。また、瞬間的な出来事ではなくても、He has aged all of a sudden.（彼は最近がくんと老け込んだ）などと使います。

　類似の all at once も「突然」の意味で使えます：All at once the rain came down.（突然雨が降り出した）。しかし、Don't everyone speak all at once.（みんなで一度に話さないでちょうだい）のように「一斉に、同時に、一度に」という意味でも使えます。

　be all set（to do something）はなんらかの準備が完了していることを意味します。遠足の出発前に、Are we all set?（準備完了？）と言います。別の例は、I was all set to leave for work when the telephone call came.（職場に出かける用意がすっかりできていたとき、その電話がかかってきた）。また、You're all set. は、「これで手配は完了です」「準備万端」の意味。レンタカーを借りるとき車の点検が終わって、受付のカウンターで手続きが終わって、車の鍵が手渡されて「すべて完了です！」は、Here's your key. You're all set. となります。

とことん楽しむ

　もともと field exercise は、アメリカの軍隊用語で「野外演習」のことで、演習日のことを field day と言います。現在でも field day には野外演習の意味がありますが、アメリカでは学校の遠足や運動会、体育祭などの意味を持つようになりました。

　そこから、have a field day with *something* というと、遠足や運動会などに限らず、一般的に「楽しいことがある、興奮させられるような出来事がある」という意味から、「存分にやる、思い切り遊ぶ」といった意味で用いられるようになりました。例えば、本好きの人が神保町の古本市に行くような場合は、Book-lovers have a field day during the used book fair. と言いまた、The kids had a field day with their new skateboards.（子供たちは新しいスケートボードで思い切り遊びまわった）などとも使います。

　この表現は他人のミスに焦点が当てられた場合に特別の意味を持ちます。例えば、政治家のスキャンダルが明らかになって報道陣が徹底的に事実を追いかけて批判する場合などです：The press is having a field day regarding the government's mistake.（政府の失態に対して報道陣は徹底的に追及している）。

　「楽しい時間を過ごす」には、have a blast という表現があります：We had a blast last night.（昨夜は大いに楽しんだ）。

　Hope you have a good time. は一般に「楽しんでくださいね」で、「今晩、楽しんでこいよ」なら、Hope you enjoy your evening. と言います。また、旅に出かける人には Hope you have a great trip!（楽しい旅行になりますように）と言いましょう。

すごく好きなこと

　人によって、すごく楽しいこと、非常に興奮すること、喜ぶことは違いますが、とにかく「すごく楽しむ」ことは get a kick out of *something* と言います。個人的には、写真家の岩合光昭の世界の猫の番組を見ることが大好きなので、I get a kick out of watching Mitsuaki Iwago's videos of cats from around the world. となります。注意しなければならないのは、get kicked out of *something*（〜から追い出される）と間違わないこと。He got kicked out of the company. というのは口語で「会社から追い出された」という全く違う意味になります。

　人間関係について、get はよく使われます。get to know *someone*（誰かを知るようになる）、get to like *someone*（誰かを好きになる）、get along with *someone*（誰かとうまく付き合う）、そして get married *to someone*（誰かと結婚する）といった具合です。

　get は「理解する」の意味にもなります。ちゃんと意味が理解できない場合は、I don't get it. は「分からないよ」。また相手の質問に対して「そんなの知らないよ、分からないよ」は、You've got me there. となります。ちょっと叱るような言い方ですが、Get with it! は、「気合を入れてやれよ！、締まっていけ！」という意味です。

　時々日本語と英語の違いで戸惑うのは「車両に乗る、降りる」こと。英語で、タクシー、自動車に乗るには get in a taxi などを使います。バス、船では get on a bus などを使います。もし、I got on a taxi. と言った場合は、タクシーの屋根に乗ったように聞こえてしまいます。乗り物によって区別してください。「降りる」も同様です。タクシー、自動車なら get out of a taxi などを使い、バス、船を降りる場合は get off（of）a bus などを使いたいです。

　仕事を終えて、「職場から離れる」は get off work です。What time do you get off work? は「何時くらいに仕事終わるの？」。

　何かを乗り越えるのは get over *something* で、病気の場合、I hope you get over your cold.（風邪が治りますように）と言います。

試行錯誤しながら

　ゲーム、スポーツでは「得点」がそのときの「状況」を端的に表すところから、**know the score**（事態の真相を知る）という表現が広く使われています。「事実、世間のこと、成り行き」について、He's bright and knows the score.（彼は聡明なので真相が分かっている）のように使います。

　「それは妥当だ、（提案などに）結構です」は That's fair enough. で、否定文の That's not fair. は「それはないよ、それは不公平だ」。関連する形容詞は be fair-minded：He's fair-minded enough to want to hear both sides of the story.（彼は公平な人間なので当事者双方の言い分を知ろうとします）。

　成功するためには、さまざまな犠牲や苦労を伴います。pay a（high）price for *something*（何かに（高い）代価を払う）は痛い目に遭うことを意味します：Allison paid a high price for her success in business.（アリソンはビジネスに成功するため高い代価を支払った）。

　there's no way that ... は「…なんてありえない」：There's no way that I can get a day off from work.（仕事を1日休めるなんてことはありえないよ）。また、It's not possible を最初において、It's not possible to finish this by the deadline.（締め切りまでにこれを終わらせるのは不可能です）とも言えます。

　「試行錯誤しながら」は、by［through］trial and error で、Life is complex and we make a lot of discoveries by trial and error.（人生は複雑ですから、試行錯誤してこそ多くの発見があります）、There's no short-cut to some things. We learn through trial and error.（ある問題を解決するには近道はありません。試行錯誤しながら学んでいきます）などと使います。

　「ぐるっと回って元に戻る」なんてことはよくあります。Shakespeare の *King Lear*『リア王』には、The wheel has come full circle.（車輪は一巡した、物事が元に戻った）とあります。もちろん come full circle は場面によって意味が変わります。Sooner or later fashion comes full circle. のように、何十年前にはやった服がまたはやってくることがあります。

出だしが不調である

　レースのペースを設定することは **set the pace** で、それをする人は **pacesetter** です。そこから、「基準を設定する、最先端になる」という意味で使います：New York sets the pace for the financial world. （ニューヨークは金融界の動向を決める）。

　set off は「出発する」で、I'll set off early to beat the rush hour traffic. なら「ラッシュアワーの混雑を避けるため、早く出発することにします」ということ。もうちょっと長い表現で、**set〔get〕off on the wrong foot** は、「出だしで誤る、出だしが不調である」こと。He set off on the wrong foot with a tactless comment about people from other countries. （彼は他の国出身の人たちについてヘマなことを言って出だしからつまずいた）。ちなみに、その反対は **set〔get〕off on the right foot** といい、この **right foot** は右足ではなく、「正しく、望ましく出発する」という意味になります。

　set は「変化の可能性が少ない」というニュアンスの形容詞で、次のようにも使います：He has set ideas about the role of women in society. （社会での女性の役割について彼は型にはまった考えしか持ってない）。**set in one's ways** は「習慣」に対して「頑固」だという意味 If you're too set in your ways, you'll have difficulty making new friends. （型にはまった考えしかできなければ、新しい友達を作るのは難しいよ）。

　次に The sound of chalk on a blackboard sets my teeth on edge. （黒板のチョークの（キーッという）音で歯が浮くような感じがします）ですが、この **set one's teeth on edge** は、人の行動（金切り声、威張る態度）にも使えます：The way she treats her daughter sets my teeth on edge. （彼女の自分の娘に対する態度には、非常に不愉快な感じがします）。

　「すごくものが欲しい」、「あることを実現する」、「決心する」には **set one's mind on** *something*、**set one's heart on** *something*、**have one's heart set on** *something* などが使えます：I've set my mind on going to graduate school. （大学院に進むことを決心した）。

CHAPTER

2

CULTURE & ARTS

{ 文化・芸術 }

成り行きまかせ

　ジャズが生まれたニューオーリンズには、少なくとも2種類のミュージシャンがいました。1つはヨーロッパのクラシックのオーケストラ音楽を学び、ヨーロッパ生まれの楽器をマスターした、よく訓練された人たち。多くの人が一緒に演奏するために、楽譜が読めなければならず、どちらかというと「決まったように演奏する」習慣を身に付けた人々です。一方は、奴隷制度から解放された黒人で、1人か2人で街角でブルース（blues）音楽を演奏していたミュージシャン。その場その場のノリで調子に乗って演奏をしていた人たちです。楽譜なんて読まないで play（music）by ear（聞き覚えで楽器を弾く）、つまり耳で覚えて、楽器を演奏していました。

　それを比喩的に用いた表現が play *something* by ear で、「ぶっつけ本番でやる、成り行きに任せる」という意味です：Don't worry about making reservations ahead of time. Let's just play it by ear.（事前に予約がなくてもいいよ。成り行きにまかせようよ）。

　また、オーケストラから生まれたフレーズとして、バイオリン演奏者に由来するものがあります。一番偉い演奏者は first violinist（第1バイオリン）とされており、violin のもう1つの言い方は fiddle です。そこから play second fiddle to *someone* は、「人の脇役を演じる」つまり「人を引き立てる」という意味になりました：I found it frustrating to have to play second fiddle to my coworker.（同僚の補左をすることに不満を覚えた）。

　音に関連のある言い回しとして、「前に聞いたことがあるの？」と聞かれて、なんとなく聞いたことがあるような気がすれば That rings a bell.（ピンと来ます）と言います。そうでなければ、That doesn't ring a bell.（いや、それはピンと来ない）です。よく使われるのは、The name rings a bell, but I can't remember meeting him.（その名前、思い当たる節はあるけど、彼に会ったかどうかは覚えていない）です。

これ以上のことはない

時代によってはやりの言葉は変わっていきますが、長いスパンで使われる決まり文句もあります。現在まで残っているというのは「今でも意味が通じる証拠」でしょうし、英語圏でほとんどの人が使っているので覚えたほうが得になります。

「同時に 2 つのことはできない、両立しえないことはどちらかに決めねばならない」は、シンプルに You can't have it both ways. と言うこともできますが、You can't have your cake and eat it too.（ケーキを持ちながらそれを食べることはできない）という決まり文句はよく使われています。

ケーキを使った別の表現も見ることにしましょう。良いものにも悪いものにも使えますが「これ以上はない」は、That takes the cake. と言います。1 つの説によると、ダンス競技でペアで踊る人たちは、自分たちの能力を最大限見せて観客を楽しませることができると「賞品」のケーキがもらえたこと、つまり、格好良くパフォーマンスをした一番のペアが take the cake となります。そこから、比喩的に「これ以上のことはない」として使うことになったそうです。良いことに対して使えますが、「全く呆れる」場合にも使えます。簡単な例として、先生が小学生に「どうして宿題を提出できないの？」と聞いたら、My dog ate it!（犬に食べられた）と答えるという定番の会話があります。そんなとき先生は信じられない馬鹿さ加減に呆れるという意味で That takes the cake! と応えます。

長い物には巻かれろ

　自信は必ずしも悪いことではないですが、自分の能力なら「できるんだ！」と判断して「無理なことを試みる」ことを bite off more than *one* can chew（かめる以上のものをかじる）と言います。試したところで、「やはり無理だった」と分かれば、I guess I bit off more than I could chew.（私には無理だったようだ）と認めて反省すればいいのです。Don't bite off more than you can chew. は、仕事の場合「手に負えない量の仕事を引き受けるな」という意味になります。

　開拓時代を描いたアメリカのサイレント映画では、「良いやつ」は白帽子をかぶり、「悪いやつ」は黒い帽子をかぶっていました。それで、観客はどちらを応援すればいいかすぐに分かったのです。そして必ず悪い方がやられて、土ぼこりに顔を埋めます。そのような姿で「撃ち殺される、負ける」という意味で bite the dust（砂をかむ）が生まれました。「失敗する、一敗地に塗れる」という意味です。有名なイギリスのバンドの Queen はそれを "Another One Bites the Dust"（「地獄へ道づれ」）という人気のある曲の名に使っています。一般的な話題では、Lots of new restaurants open. Some make lots of money; some break even; and some bite the dust.（多くの新しいレストランが開業しますが、ある店は儲かり、ある店はギリギリ生き残ります。そして、失敗して廃業することになる店もあります）のように使います。

　英語のことわざで、「長いものには巻かれろ」は、If you can't beat 'em, join 'em. と言います。'em は them の略で、話し言葉では 'em を使います。自分では良くないと思っている活動に結局参加することを決めることです。「まあ、みんなやっているし、止めさせるのは無理だし、一緒にやろう」といった感じです。それは、不法なことや危険なことではなく、友人と集まったときに飲まないつもりだったけど、みんな飲んでいるから「まあ、今日は特別だから」と考えて、ビールを注文してしまったケースなどで、If you can't beat 'em, join 'em. と言います。

教会の鐘の音

　かつて、教会の鐘の音は高く澄んだものが多かったので、その建物の周辺一帯に響きわたりました。鐘の音が遠くまではっきりと伝わることから、(as) clear as a bell という表現が生まれ、そこには 2 つの意味が含まれていました。

　1 つはそのままで、「音が澄んでいる」こと：Her voice is (as) clear as a bell.（彼女の声は鈴の音のように澄んでいる）。また電話で「聞こえますか？」と言われたら、Clear as a bell!（はっきり聞こえているよ！）と答えれば良いです。

　2 つ目は「人の言ったことが明確に理解できる」ことを意味します。論旨が明快でよく理解できたときに、しばしばこの表現が登場します：I understood you clear as a bell.（すごく、よく分かりました）。他にも「見るもの」にも使えます：The photos we took in Switzerland were as clear as a bell.（スイスで撮った写真は、細部までクリアに写っていた）。さらに、頭の働きにも使えます：I remember that day in Venice as clear as a bell.（ベニスのあの日のことをはっきり覚えている）／My father's mind was as clear as a bell to the very end.（父は息を引き取るまで意識がはっきりしていた）。

　逆に、話を聞いても、あるいは文書を読んでも、意味不明で理解できないときには、It's (as) clear as mud. と言います。泥のようにグチャグチャで「さっぱり分かりません」という意味です。

　be clear about *something*［what, when, who, how］は直接的に、簡単に「相手がよく分かるように」発言すること：My tennis coach is always clear about what we're supposed to do.（テニスコーチは、いつも私たちがどうすべきかを分かりやすく説明してくれます）。そして、みんなに確認をするときには、Is everyone clear about that?（みんな、これを理解していますか？）と言います。また否定文で、I'm not too clear about my responsibilities.（（大雑把には理解しているのですが）私個人の責任がどんなものかはっきりとは分かりません）のように使います。

スポットライトを浴びて

　シェイクスピアの時代から、劇場の大きな問題の1つは、どうやって舞台上の役者に光を当てるかということでした。19世紀初めには、トーマス・ドラモンド（Thomas Drummond, 1797–1840）によって石灰光（limelight ライムライト）が発明され、この光によって花形役者を舞台上でくっきりと浮き立たせることができました。照明技術が進歩するにつれ、照明装置としてのライムライトは滅びましたが、言葉としてのlimelight は、（be）in the limelight（脚光を浴びている）という形で生きながらえています。「世間の注目を浴びる」は bask in the limelight と言います。そして、My colleagues always put me in the limelight in public.（同僚はいつも私を立ててくれる）のようにも使います。目立つことを避けている場合は、She always makes a point of staying out of the limelight.（彼女はいつも世間の注目を浴びないようにしている）などと言います。

　in the limelight と同じ意味で in the spotlight も使われています。また、have a high profile（注目を集めている、脚光を浴びている）という表現もあります：As president of a large IT company, she has a high profile.（大手IT企業の社長として、彼女は脚光を浴びている）。

　jack は「片手間仕事をする職人」を意味しますが、steeplejack（尖塔［煙突］職人）、lumberjack（木こり、木材伐採作業員）といった合成語でもよく用いられます。a jack-of-all-trades は、Jack of all trades, and master of none.（何でも器用にこなすが、卓越したものはひとつもない＝多芸は無芸）という格言に由来するものですが、「何でも屋、よろず屋」といったところです。この言い方には「何でもできるが特別な取り柄のない人」という軽蔑的な意味がありますが、人から褒められたとき、I'm just a jack-of-all-trades.（器用貧乏にすぎませんよ）という具合に謙遜して答えるのに便利な表現です。

ナイスキャッチ

　最近日本語でも使う **catchy**（キャッチー）は、「覚えやすい」歌、フレーズ、スローガンなどに使います：**It's hard to get a catchy melody out of your head once you hear it.**（キャッチーなメロディーは、一度聴いたら頭から離れない）：メディアでも政治でも **catchword**（標語、キャッチフレーズ）が重要です。**Politicians are all using the catchword 'with a sense of speed' but nothing really takes place.**（政治家はみんな「スピード感をもって」と言いますが、実現したためしがない）。

　スポーツで **nice catch** を言うと、「見事に捕球した」ですが、比喩的に別な場面にも使えます。出版物の3回目の校正をしたところ、今までずっと見逃していた大変な間違いを見つけたときは、**Thank goodness you noticed that. Nice catch, Robert.**（それに気づいてくれてよかったなあ！　よくやったロバート）と言います。

　didn't catch your name は、「聞きそびれた、聞き逃した」で、**I'm afraid I didn't catch your name.** は、「お名前を伺っておりませんでした」あるいは「お名前を聞き取れませんでした」という意味になります。

　「瞬間的に分かる、気づく」を過去の疑問文で使うときは、**did you catch** と言います：**Did you catch what the man said about the trains?**（あの人が電車について何と言ったか、聞こえた？）。

　また **catch** *someone* は「人に会う」という意味にも用います。**I've got to go now. Catch you later.** は「いかなくちゃ、じゃあまたね」ということ。

　catch up with *someone* は「人に追いつく」こと：**You go on ahead. I'll catch up with you later.**（先に行って。後で君に追いつきます）。**catch up on** *something* は「〜の不足を取り戻す」となります。例えば、**I try to catch up on sleep during the weekend.**（睡眠不足を取り戻すのに週末を使います）のように使います。

　「油断しているところを突かれた」は **catch** *someone* **off guard** を使います：**I was caught off guard by her question.**（彼女の質問には虚を突かれた）。

目標に向けた決心

set の基本的な意味は「つける、設定する」ですが、多くのイディオムやフレーズにも登場します。

「模範を示す」は set a pattern、「雰囲気を作る」は set a tone、「流行を作り出す」は set a trend となります。Parents need to set an example for their children. （親は自分の子供たちの見本となるべきです）、Van Gogh set the standard for paintings of sunflowers. （ゴッホはヒマワリの描き方の基準を作り上げた）なども使います。

「誰かの考え方を正す」は、set *someone* straight と言います：I want to set you straight before you make any mistakes. （間違いを起こさないうちにあなたの考え方を正しておきたい）。また I would like to set the record straight about a few points. （いくつかの点について、事実をはっきりさせたいのです）は、人々に真実を伝えて、正しいことが何かを分かってもらいたいということ。

「特別な目的・目標のために取っておく」ものがお金、時間、スペースなどであれば、set *something* aside を使います：I try to set aside some time every day for exercise and for studying Japanese. （毎日、運動の時間と日本語を勉強する時間を確保しようとしています）。

会社、委員会、組織を「創立する」は set up *something* です：Several politicians want to set up a new political party. （政治家数人で新しい政党を作ろうと考えています）。

具体的な結果を「成し遂げる」なら、set out to *do something* が使えます：She set out to educate people about ways to protect the environment. （彼女は環境を守る方法を人々に学んでもらう計画を立てた）。

特に長い旅へ「出発する」ことは、set out on a trip［voyages, etc.］：The couple set out on a voyage that would take them from Australia to New York. （あの2人はオーストラリアからニューヨークへの長い旅に出発した）。

極限まで圧縮する

　占い師は客が選んだカードを使って将来を占いますが、そのとき "it's in the cards"（カードに出ています）という口上が付き物です。1800 年代以降、占いの世界から in the cards という表現が借用され、現時点で起こりそうなこと、ありそうなことを指して広く使われるようになりました：It's not in the cards that he will have enough money to buy a car. （彼が車を買うだけのお金を持っているはずがありません）。

　CD 時代、さらに DL 時代では、ピンと来ない人もいるかもしれませんが、かつて全盛を極めたレコード盤には A 面と B 面があり、それぞれ印象の異なる曲が録音されていました。例えば、A 面がブルース曲だとしたら、flip side（裏返した側）すなわち B 面がカントリーミュージック、という具合です。そこから、レコードの「裏面」を指すこのスラングが、観点や推理、議論の「別な一面」を意味するようになりました：Restructuring has made our company competitive, but the flip side is that lots of people have lost their jobs. （リストラのおかげで、うちの会社はより競争力が高まったが、逆に言えば、多くの人が仕事を失った訳だ）。

　古代ローマの博物学者プリニウスは『博物誌』の中で、ホメロスの叙事詩『イリヤス』は極めて小さな文字で書き写されていたので、全文が木の実の殻（nutshell）に収まるほどだと書いています。そこから、「極限まで圧縮したもの」を形容する表現 in a nutshell が生まれました：Just tell me the story in a nutshell. （手っ取り早くその話を聞かせてくれよ）。

　wet blanket という表現は、火事の際に消火の方法として、濡れた毛布をかぶせたことによるとされています。それが変化して、比喩的に「盛り上がりや感激を抑える」という意味になり、「座を白けさせる人」を wet blanket と言うようになりました：Don't invite him to the party, because he's a real wet blanket. （彼をパーティーに呼ばないで。すっかり座を白けさせる名人なんだ）。

火遊びをする

1930年代にある劇団がアメリカ中西部でヒットする作品を知るために、Peoria, Illinois（イリノイ州ピオリア）という代表的な小さな町を選び、Will it play in Peoria?（ピオリア市では受ける？）と言いました。あの「ごく普通のアメリカ人」の前で成功すれば、どこでも受けるだろうというわけです。ある意味でこれは今日の市場調査につながる方法です。ピオリアで試して商品を売り出して、受けたら少しずつ同じような町にも売り出していこうということです。1970年代では、It'll play in Peoria. という表現は、政策に対しても使うようになりました。

softball は一般に男女ともに大人も子供も楽しくできるスポーツと考えられています。一方、ベースボールは硬いボールを使います。当ったら痛く、ボールスピードが速い競技です。そこから強硬な手段に出ることを play hardball と言います。何より「勝負」が大切なので、政界、ビジネス界では「公平」ではなく、無遠慮に、挑戦的に活動することを意味します：Our company played hardball to win the contract.（契約を受注できるように弊社はあらゆる手を打ちました）。

play the game というと、「期待されることをこなす」意味になります。会社の中で Play the game. と言われたら「ルールに従って、活動しなさいよ（裏で人をだますようなことやご機嫌取り（play up to someone）をしないで）」という意味になります。

play with fire は、「火遊びをする、危険なことに手を出す」ことです：Telling company secrets to outsiders is playing with fire.（企業秘密を外部に漏らすのはとても危ないことだよ）。

havoc は、自然の力などよる「破壊、大荒れ、大混乱」のこと。play havoc（with something）は、「（何かを）めちゃくちゃにする、（何かに）打撃を与える」という意味になります：The continuous bad weather played havoc with our vacation plans.（悪天候が続いたせいで休日の予定が台無しになってしまいました）。

3

HEALTH, MEDICINE, & THE BODY

{ 健康・医学・身体 }

過度の興奮や怒り

　crazy にはいくつかの意味があります。口語ですが、「興奮する、やり過ぎる」は go crazy と言います。例えば、飼っているワンちゃんが外での散歩が大好きで、散歩に使うリードを見るだけで興奮するなら My dog goes crazy when I pick up his leash.（私がリードを手に取るとうちの犬は狂ったようになる）です。コンサートホールで人気バンドがステージに上ると観衆が大声で反応する場合は、The crowd went crazy when the band came on stage.（バンドが登場したときに、観衆は大騒ぎした）と言います。

　時代ごとにいろいろな口語の表現が登場しますが、よくある言葉の現象として、あるものは一時的に流行するがすぐ消える、他の言葉は定着して広がるということがあります。そのあたりは、外国語として英語を学ぶときにちょっと気をつけたいところです。ちなみに本書では「定着した口語」のみを取り上げています。

　crazy の他に nuts も使います。簡単な例として、Are you nuts? ＝ Are you crazy?（頭がおかしいんじゃない？）があります。go bananas も同様の意味を持っています：When she realized she had left her mobile at home, she went bananas.（携帯を家に忘れたと気づいた途端、彼女は大騒ぎをした）／ The construction noise next door is driving me nuts.（隣の建設工事の音で頭がおかしくなる）。

　上記の表現は必ずしも否定的な意味とは限らず、自分で興奮したときにも使います：I went nuts［bananas］when Hachimura scored.（八村が点を取って、僕はすごく興奮した）。

　気が狂いそうになるほど「怒る」ことは go ballistic（激怒する）と言います。これは特に「(1) 急に、即座に、(2) 普通以上に」怒る場合です。言うまでもなく、由来は ballistic missile（弾道ミサイル）で、これは力が強く、長く飛べて、着弾したときには大爆発するからです。

手はものを言う

　人間の「手」は驚くほど多機能ですが、英語の中でもいろんな表現があります。英語では hand で、shake hands、raise *one's* hands などいろんな動作に使います。もちろん、shake hands は挨拶の手段、raise *one's* hand は手を挙げて話す機会を求めるということです。

　「渡す」を英訳するときに pass または give を使いがちですが、動詞 hand (*something*)(*to someone*) もよく使います。例えば、Could you hand me that dictionary? は「あの辞書を手渡してくれる」ということですが「あの辞書取ってくれる？」「あの辞書取ってちょうだい」と訳すほうが自然でしょう。

　イディオムとして hand を使う場合もよくあります。日本ではいわゆる学校英語で「配布する」を distribute、「提出する」を submit と覚えて使っているようです。しかし、アメリカの学校、会社では、もっと簡単な言葉を使います。配布は hand out *something*、提出は hand in *something* です：Please hand out these prints.（この印刷物を配布してください）／ Hand in your applications here, please.（こちらに申込書を出して[提出して]ください）。

　今度は「手伝う、手を貸して」に hand を使うフレーズを見てみましょう。相手にちょっと手伝って欲しいときは、Can you give me a hand?（ちょっと手伝ってくれる？）と言い、自分の方から相手に Let me give you a hand.（手伝いましょう）と言ったりします。

　最後に first-hand と second-hand について。first-hand や at first hand は a first-hand report のように直接取材した報告、本人から聞いたことで、gain experience at first hand は「直に経験する」を意味します。それに対して second-hand は 2 つの意味があり、1 つは「中古」、I love second-hand bookstores.（古本屋は大好き）。もう 1 つは「間接的に」：I heard the news at second hand.（あの知らせは間接的に知りました）。

息を止めないで

　breath は「息」を意味する名詞で、breathe は「息をする」という動詞です。この 2 語の言葉のスペルと発音にご注意ください。お医者さんが患者を診察するときに Breathe in.（息を吸って）、Breathe out.（息を吐いて）、と言います。もっと専門的にいうと、それらは inhale と exhale になりますが、やさしい先生は breathe を使うかも知れません。患者のことをよく考えている医者はあえて専門用語を避けるのではないでしょうか。

　そこから、いくつかのフレーズが生まれます。1 つ目は分かりやすいと思います：I hardly have time to breathe.（息つく暇もないほど忙しい）。もうちょっと分かりづらいのは take a breather（息継ぎをする、息抜きをする）。breather は動詞 breathe の名詞形で、「息継ぎ、ひと休み」という意味です。働いている途中で疲れると、Let's take a breather! と言いたくなります。

　breathe には「話す、伝える」という意味もあります。例えば、友達の誕生会を本人には秘密にして surprise party にしたいとき、招待した他の人に Don't breathe a word of this to anyone. It's supposed to be a surprise.（このことについていっさい誰にも言わないでね、驚かせたいから）と言います。

　名詞の breath を使う場合を見てみましょう。人が息を止めていられる時間はそう長くはありません。その短い間に物事は進まないので、Don't hold your breath. は、「すぐだと期待しないほうがいいですよ」という意味、つまり、「時間かかりそうだよ」ということです。

　また、Don't waste your breath. は直訳すると、「息はもったいないから（誰かのために）吐き出すのは止めたほうが得だよ」つまり、相手にクレームを言っても効果はないので、止めておいたほうがマシということ。同じ意味で、Save your breath. He won't listen to anything you say.（止めておいたら！　何を言ったって無理だよ、彼は聞いてくれないよ）などとも言います。

万能薬はない

　英語は、古代ギリシャや古代ローマからいろいろな言葉を借用しています。1つは神話に由来する言葉：Achilles tendon（アキレス腱）、Pandora's box（パンドラの箱）、Narcissus（ナルキッソス、スイセン）そしてPanaceaなどです。古代ギリシャの治療の女神Panacea（パナケイア）から比喩的に、「すべての問題を解決できるもの」として使います。panacea（万病に利く薬、万能薬）という言葉が医学や科学の分野で、また文語でも使われます。そこから派生してTechnology is not a panacea for all of a nation's economic problems.（国の様々な経済的問題の解決にテクノロジーは万能ではない）とも使います。

　panaceaはちょっと難しい単語なので、口語ではa cure-allをよく使います。つまり「なんでも治すもの」のこと：People used to take aspirin as a cure-all for headaches and other illnesses.（昔の人は頭痛にも、他の病気にも、アスピリンを飲んだ）/ Taking a break from work and drinking a cup of strong coffee is a cure-all for afternoon blues.（ちょっと仕事の手を止めて飲む一杯の濃いコーヒーは、午後の憂うつの万能薬だ）。

　There is no cure-all for *something.* という表現もよく使います。「様々な病気に効く万能薬はまだない」と言いたいときにはいくつかの言い方があります。There is no miracle drug [wonder drug] for many diseases. などはわかりやすいと思います。

　しかし、より面白い言葉silver bullet（銀の銃弾）も使います。米国では、狼男（werewolf）を殺すには銀の弾丸が必要だとされていることから、「確実な解決法」として医学以外の場面で使われます。特に難しい問題に簡単な解決法を求められたらThere is no silver bullet to solve the problems of Japanese education.（日本の教育の課題を解決する魔法の薬はないと思う）などと言いましょう。

目が離せない

「目」に関わる表現は多数あるので、使用頻度の高いものから少しずつ覚えていきましょう。まず比較的分かりやすい keep an eye から始めます。

野外で子供が走り回るのを心配する親は「子供から目が離せない」と思います。そんなとき、My little boy is always running off, so I need to keep an eye on him. （うちの子はいつもどこかに飛び出していくから、目が離せないん

です）などと言います。また日本ではあまり心配ありませんが、海外では空港などでスーツケースを置いておくと、取られてしまうこともあるので、You need to keep an eye on your suitcase.（スーツケースを見張っていないとまずいですよ）となります。これら 2 つの例は「見張る」というニュアンスが強い表現です。

混み合っている場所で友達 2 人が友人のジャックと待ち合わせをしている場合、彼を見つけ出す際には keep an eye out for *someone*（誰かを目を皿にして探す）を使います：Keep an eye out for Jack, because he's here somewhere.（ジャックはこの辺りのどこかにいるはずだから、探してきてね）。

この意味でのニュアンスからさらに広げて、「いい機会を探す、いい仕事を探す」という意味にも使うことができます：I'm keeping an eye out for a job that pays more.（給料がもっといい仕事を探しているところです）。

審美眼がある

　比喩的な意味で目を使う表現では、「目」で具体的なものを「見る」のではなくて、形のない何かを「把握する」といった用法がよくあります。

　「目」と「理解力」はよく結び付けられます。表面的な部分だけではなく、その「価値」も分かる場合は、He has an eye for beauty.（彼には審美眼がある）と言います。具体的には、He has an eye for painting [literature, antiques, art].（彼は絵画［文学、骨董、芸術］に造詣が深い）などと言います。

　see eye to eye というのは「同意をする、互いに納得する」という意味です：My brother and I have never seen eye to eye on baseball. He's a Yankees fan, and I'm a Red Sox fan.（うちの兄と僕は野球に関して意見が一致できたためしがない。彼はヤンキースファンで、僕はレッドソックスファンだ）。

　今度は see the light（光を見る）という表現を見てみましょう。今まで無視してきたこと、反対してきたことを「ようやく認める、事実を受け入れる」ようになったときに使います。例えば、いろいろな人に「運動しないと健康に悪いよ」と言われても頑固に拒んできた人が、検診の結果を見た医者に「運動しないと脳梗塞のリスクが高いですよ」と言われて、I finally saw the light. And I've started working out daily.（やっと目が覚めた。運動の大切さを理解して、今では毎日運動をしている）と言います。

　ものが「出版される、ようやく日の目をみる」は see the light of day と言います。報告書、美術品、研究などがなんらかの形で「世に出る」場合です：His proposal didn't see the light of day until a year later.（彼の提案が日の目を見たのは 1 年も経った後だった）。

　ポジティブに前に進むための表現として see the light at the end of the tunnel（前途に光明が見え始める）があります：We haven't solved the problem yet, but we're beginning to see the light at the end of the tunnel.（その問題はまだ解決してないけど、やっと前途に光明が見え始めたところです）。

踏みしめて立つ

「徒歩で」移動すると言いたいときには、by foot より on foot をよく使います。「徒歩旅行をする」は travel on foot や take a walking tour などと言います。

しかし、foot は徒歩以外の意味でも使われます。1 つは「主張する、立場を強く守る」意味で put one's foot down。相手の行動、言葉、希望に対して強く反応する場合です。When Jim came in late for the third time in one week, his boss put his foot down.（ジムが 1 週間で 3 度遅刻したときに彼の上司は断固とした態度に出た）。それまで許していた行動に対して、今回は絶対許さないという姿勢を示すのです。上の例では、どのような罰を下すかははっきり言っていませんが、同様の行動を続ければ上司から大きなペナルティを与えられかねないでしょう。

「罰」を招くような事態ではないのですが、「断固とした態度を取る」場合もあります。We planned to go skiing, but Mom put her foot down and we had to stay home. これは、子供達がスキーに行こうと計画していても、お母さんがお金かかるから「ダメだ」と断固とした態度を取れば、それで決まり。反論しても結果は変わらず、ステイホームするしかないということです。

同じ put one's foot down は運転について使うと、「車のアクセルを踏んで」加速するとなります：Once we reached the expressway, the driver put his foot down.（高速道路に入ったとたんにドライバーは加速した）。

しくじったり（blunder）、うっかりドジを踏んで「気まずい雰囲気を作る」という表現は put one's foot in one's mouth。各単語は簡単ですが、この順番で覚えないと意味が通じなくなります：Jack put his foot in his mouth when he mentioned her ex-boyfriend.（ジャックは、彼女の元カレの話をするなんていう大ヘマをやらかした）。

shoot oneself in the foot は直訳すると「自分の足を撃つ」ですが、この意味は「自分に不利となる行動（発言）をする」です：He shot himself in the foot by forgetting to contact a client.（お客様に連絡するのを忘れてしまい、まずいことになった）。

意気消沈している

「落ち込む、（意気などが）沈む」は、単純に feel down、feel depressed と言っても良いですが、他にもさまざま表現があります。

彼は彼女に捨てられて「すっかり意気消沈している」なら、He's really down in the dumps since she left him. で、「どん底の、落ちぶれた」は down and out を使い、He's feeling down and out. と言います。

hit rock bottom は「底に達する」ことで、例えば、Prices have hit rock bottom. は「物価は底をついた」という意味です。これは、人間にも使えます：When my girlfriend told me she wanted to end our relationship, I hit rock bottom.（僕は彼女から「別れたい」と言われたとき、どん底まで落ちてしまって、立ち上がれなかった）。

家畜などがつながれている縄の端まで動くということに由来する reach the end of one's rope という言い方は、「限界までくる」、「もうどうしようもなく絶望的になる」、「万策尽きる」という意味を持ちます。I've reached the end of my rope.（もう気力が尽きた）。come to［be at］the end of one's rope とも言えます：I'm at the end of my rope. I can't figure out how to operate this machine.（もう限界だ！　この機械をどうやって動かせば良いのかさっぱり分からない）。

より状況がひどくなると go off the deep end（理性を失う、自制を失う）となります：She went off the deep end when she lost her job.（彼女は、仕事を失って我を失ってしまった）。

「嫌な出来事、つまらない状況、最悪のこと」は the pits と言います：He's in the pits.（彼は完全に落ち込んでいる、がっくりしている）／When you're alone, holidays are the pits.（ひとりぼっちの休日は最悪だ）。似た表現に（have［get］）the blues があり、He has a bad case of the blues（悪性のうつにかかっている）や、I get the blues during the rainy season every year.（毎年梅雨の時期になると、気がめいってしまう）と言います。

トレーニングする

「仕事」の意味の work は、I have a lot of work to do.（やらなければならない仕事がいっぱいある）などが、「職場」としては、I left work at six o'clock.（6 時に職場を出ました）という表現がなじみ深いと思いますが、他の意味でも work が使われます。

動詞としては「仕事」よりも広い意味で、What are you working on?（何に取り組んでいるの？）、I'm working on a book about climate change.（今は、気候異変に関する本を書いている）などと使います。

work out *something* は「何かを解決する、調和させる」という意味で、We finally worked out an agreement with our client.（お客様と（話し合いによって）ようやく契約を結ぶことができた）と使いますが、1 単語の workout は「運動、トレーニング」の意味です：Jason goes to the gym for a workout three days a week.（ジェーソンは週 3 回ジムにトレーニングに出かける）。

働いたり、運動したりすると、「食欲が出る」という意味から、It's already noon. Are you working up an appetite?（もう 12 時だ。お腹すいてない？）と言います。この表現は、食べ物に限らず、「やる気になる」意味にも使えます：She's worked up an appetite for online games.（彼女はオンラインゲームなら、いつまでやっても飽きることがない）。

does *something* work という表現には 2 つの使い方があります。まずは機械、装置に対して、How does this device work?（その装置はどのように作動するのですか）ですが、この場合の意味は operate と同じです。2 つ目は「意志を確認する」場合です：How does this work?（（約束の時間、締め切りなどを聞いて）それでいいですか、大丈夫ですか？）。

work out all right の work out の意味は「上手くできる」ですが、Everything will work out for the best.（最終的にはすべてが上手くいくだろう）は、ちょっと一方的な言い方に聞こえます。それより気配りのある言い方として I hope everything works out.（すべてが上手くいくといいですね）があります。

お大事に！

　古代ヨーロッパでは人は自分の周りに、天使、悪魔、妖精、つまり超自然的存在がいると思っていました。人はこういった spirits（霊的存在）を恐れ、自然界で起こる現象のなかにいろいろな「神」がいると思い、病気や精神的な問題はそれらの神と関係していると思っていました。

　かつては、くしゃみをしたときに自分の中ある「魂」が体の外に飛び出すと考えられていました。いずれその魂は戻るのですが、周囲では悪霊が「居場所」を探しているのです。魂がその体に戻るまで、「魂の空き」を神が守ってくれるようにと、周りの人は God bless you!（お大事に！）あるいは単に Bless you! と言いました。その一言で自分が守られていると思って安心して、返事として必ず Thank you! と答えるようになりました。

　こういったやり取りは言語学で phatic communication（情報を伝えるよりも共感、好意、社交的な雰囲気を作る表現＝共感的コミュニケーション）と言います。現在では自分の周りに spirits がいると思っている人はいませんが、この習慣は続いています。英語圏ではこのやり取りがないと、ちょっと物足りない気持ちになります。

　くしゃみをした人に対して「お大事に」という意味で、ドイツ語の同義語 *Gesundheit!* をアメリカでも使っています。また、乾杯のときに「ご健康を祝して」という意味でも使います。ドイツからの移民が多いウィスコンシン州など北中西部ではよく使われています。

　研究によると、くしゃみをしたときに上記のどちらかの言葉を言う人は、90％ 以上です。何も言わない人はたった 6％。日本に住み初めの頃、日本人が何も言ってくれないので寂しかったです、今は慣れましたが。ちなみに、不思議なことに英語では咳をしたときには何も言いません。

カンフル剤を打つ

get a shot にはいくつかの意味があります。1 つは「注射を受ける」ことで、この shot は inoculation（注入）という意味です。2 つ目は「機会を利用する」という意味で、take a shot は「試してみる、当たってみる」ということになります。

a shot in the arm（腕に注射を打つこと）は、a stimulus、a boost（強い刺激、カンフル剤）を与えるという意味となり、経済政策では The government's new budget was a major shot in the arm for the economy.（政府の新しい予算は景気回復の絶好のカンフル剤となった）と言います。また、個人レベルでは、人材にも使えます：The arrival of the new pitcher was a shot in the arm for the Yankees.（新しい投手が来てヤンキースが一段と戦力アップした）。

「当てずっぽう」は、(take) a shot in the dark と言います。暗い中では標的が見えなくて当たることは期待できないが、とりあえず弓術でも射撃でも一発撃ってみようということです。問題やその解決法に関しても使え、I didn't think I had a chance at getting the position, but I took a shot in the dark and sent in my CV.（あのポジションを狙うのは無理だと思ったが、当たってみることにして、履歴書を送りました）などと言います。つまり、ひとまず「当たってみる」ことで、ことわざの Nothing ventured, nothing gained.（思い切ってしなければ何も得られない）という発想です：Take a shot. There's nothing to lose.（当たって砕けても失うものはありません）。

少し想像しにくい shoot の意味では「コメントや質問を遠慮なしでどうぞ」があります。Can I ask a favor?（ちょっとお願いできませんか？）と言われたとき、「どうぞ、どうぞ」は Go ahead. ですが、Shoot. または Fire away! も使えます。これらは戦場では「撃て！」との意味になりますが、この場合は行動・質問・話などを「さあ、どうぞ」と促す表現です。

口・耳・足・背中

　誰でも人の名前などが「のどまで出かかっていながら、思い出せない」体験があるはずです。そんなときに使えるのが、What's his name? It's on the tip of my tongue, but ...（彼の名前はなんだっけ？　舌の先まで出かかっているのだが思い出せないんだ）です。on the tip of my tongue は「舌の先まで」という意味の決まり文句。

　「人の話を聞く」ということについて、「じっと聞き入っている、耳を澄まして聞く」というのは、be all ears。相手の発言を促す表現として使います：I'm all ears.（どうぞ、じっくりと聞くよ）。

　また go in one ear and out the other（一方の耳から入って、もう一方の耳から出ていく）とは、意見や注意をしても効果がないことやすぐ忘れてしまうこと。「馬の耳に念仏、馬耳東風」に当たります。ローマの修辞学者クインティリアヌスが「彼の言うことはすぐ耳を通りぬけてしまう」と書いたことに由来するといわれています：I tell my son to study hard, but whatever I tell him seems to go in one ear and out the other.（真面目に勉強しなさいと息子に言うけど、あの子には何を言っても馬の耳に念仏です）。

　混んでいる地下鉄などでは、「人の足を踏む」step on someone's foot ことがないよう注意しなければなりませんが、step on someone's toes は、比喩的に「人の感情を害する、機嫌を損ねる」という意味になります：If you want to get ahead in an organization, don't step on people's toes.（組織のなかで出世したいなら、人の感情を害することはしないほうがいい）。

　強い表現「もうやめてくれ！」と言いたいとき、上司ではなく同僚なら口語で Get off my back! と言います。あれこれ言わないで「ほうっておいて」というニュアンスで、特に相手が要求していることに対して、今それをやっている最中だったり、他のことで手を離せないから、「ほうっておいてちょうだい！」という意味です。

壁に頭をぶつける

　いくら努力しても、効果がないとがっかりして、無駄なことをしている自分を責めたくなります。そんな表現が、bang *one's* head against a brick wall（レンガの壁に頭をぶつける）です。例えば、I'm making so little progress that I feel as if I'm banging my head against a brick wall.（遅々として進まないので、全く見込みのないことをしているかのように感じます）などと言います。

　次に親指が登場する表現を見ましょう。親指は進化論では大切なものとされていますが、be all thumbs はほめ言葉ではありません。「ぶきっちょ、不器用」という意味になります：When it comes to gardening, I'm all thumbs.（園芸となると、僕は本当に手際が悪いんだ）。

　今度は親指がいい役割を果たす表現を見ましょう。as a rule of thumb は直訳すると「親指で計ること」ですが、そこから「おおざっぱなやり方、経験則、勘で」として使います：As a general rule of thumb, I should take 8,000 steps a day to stay healthy.（経験から言うと、健康のため僕は毎日8千歩歩くべきなんです）。もうちょっと抽象的意味合いでは、As a rule of thumb, use polite language when you first meet someone.（幾分無難なやり方だけど、初対面の場合相手には敬語を使った方が良いと思う）。

　親指を立てるしぐさは勝利あるいは同意の身振りです。その合図を言葉で表現すると give *something* a thumbs-up となります。それは「（事）を承認する」ということ。例えば「企画、計画に賛成する」は give the project the thumbs-up です。We'll need to wait for our section head to give the thumbs-up sign.（課長が OK をくれるまで待たなくてはならない）などと言います。また、okay は動詞として使うので上の例の企画が上手くいった場合は、The section head okayed our project. となります。

肩を怒らせる

get cold feet は「足が冷える」という意味だと思うかもしれませんが、それは My feet are cold. と言います。get cold feet は「怖気づく」という意味です。17 世紀初め頃のイタリアの表現で、そもそもは have no money（オケラだ、文無しだ）の意味でした。賭けで文無しになった人が、ゲームから抜けるときの口実として使っていました。

その表現が英語に入って意味が広がり、「怖気づく、尻込みする、ビビる」といった意味をもつようになりました。例えば、I was planning to go hang gliding, but I got cold feet and backed out.（ハンググライディングに行く予定だったが、怖気ついて断念した）の back out は約束したこと、予定したことをやめる、という意味です。

「人に冷淡な態度をとる」のは、give *someone* the cold shoulder です。特に人が失礼なことを言って自分を怒らせたときに使います。get the cold shoulder なら「冷たくあしらわれる」の意味：She got the cold shoulder from a lot of people she thought were her friends.（自分の友達だと思った人たちから冷たい態度を取られた）。

19 世紀のアメリカで生まれた表現に、carry a chip on *one's* shoulder, have a chip on *one's* shoulder というのがあります。当時、自分がいかに強いかを見せたい男の子は、肩に木片を置き、相手にそれを叩き落とせと挑発しました。相手がその木片を叩き落とすと、そこでけんかが始まります。このことから、have a chip on *one's* shoulder は「すぐ突っかかる、けんか腰である」という意味になりました："What's the matter with Jim?" "He's got a chip on his shoulder because his boss makes him work late every night."（「ジムはどうしてイライラしているの」「毎日遅くまで残業しなければならないから、頭に来ているんだ」）。

on *one's* shoulders というのは「重圧、厳しさ」が肩にのし掛かっている状態。He has a load on his shoulders. は、「重い荷物を担いでいる」とも解釈できますが、「大変な責任が彼の双肩にのし掛かっている」という意味の可能性が高いです。

目立ちたがり屋

　両親や祖父母から性格を引き継ぐことは take after *someone* と言います。She takes after her father in her enjoyment of theater.（彼女は芝居好きという点で父親に似ている）。趣味以外に見た目についても言います：With her blue eyes and brown hair, she takes after her mother.（彼女は青い目にブラウンヘアーで、母親譲りだ）。

　outstanding というのは、「優れた、ものすごくいい」という意味で、その由来は stand out（目立つ）。大勢のなかで「目立つ」といっても、いろんな目立ち方があります。あるタイプは才能があって努力しないでも自然に目立つ。また、別なタイプは見てもらいたいので、一生懸命に人目を集める行動をします：My brother stands out because of his service to the community.（地元のための活動によって、弟は注目を集めている）。

　目立つことを嫌う性格の人もいます。profile（プロフィール）とはもともと「横顔のスケッチ」の意味ですが、これが人の特徴や性格をよく表すところから、新聞や雑誌の「人物紹介、横顔」の意味で用いられるようになりました。「目立たないようにすること」は、keep［maintain］a low profile と言います：Taro didn't do his homework, so in class he maintained a low profile.（太郎は宿題をやらなかったので、授業中は目につかないようにしていました）。

　相手のお願いやリクエストへの応じ方で性格も出ます。I would love to help you find a job.（あなたが仕事を見つけるために是非協力したい）というように、love to *do something* を使うと、快く手伝いたいという温かい気持ちが伝わります。それに対して、be willing to *do something* は「〜してもいい、〜しても構わない」というニュアンスで、積極的ではない場合です：I'd be willing to help you.（手伝ってもいいよ）。be eager to *do something* は「すぐさま、熱心にやりたい」という意味になります：I'm eager to meet your roommate from Mexico.（メキシコから来た君のルームメイトにとても会いたいんだ）。

走るだけではない

　花粉の季節に必要な表現は、*someone's* nose is running（鼻水が出ている）で I have a runny nose. または My nose is running. とも言います。

　run into 〜 にはいくつかの意味があります。run into trouble［problems］としては、The school ran into financial problems almost immediately.（学校は直ちに、財務問題に直面することになった）のように使います。また違う意味では「偶然に会う」となり、I ran into Fumi today at the bookstore.（今日、本屋で偶然フミに会ったよ）と言います。

　調査結果の説明では in the short run（短期的）と in the long run（長期的）という表現が使われます：In the short run, renting an apartment is less of a burden.（短期的には、賃貸アパートの負担は比較的軽いです）。

　ちょっと難しい言葉の gamut（全領域、全部）を使う言い方に、to run the gamut（of *something*）（何かの全体［全般］にわたる）があります：I've run the entire gamut of part-time jobs.（今までありとあらゆるアルバイトを経験した）/ I enjoy cuisines that run the gamut from spicy Indian to umami-based Japanese.（料理ならスパイシーなインド料理から旨み豊かな日本料理までなんでも好きです）。

　run out of steam［gas］は、SL 時代なら蒸気（steam）がなくなれば機関車が動けなくなる、車の時代ならガソリン（gas）がなくなれば自動車が動けなくなる、というところからきた表現です。比喩的に「力がなくなったり、興味［やる気］がなくなったりする」ことにも使われます：At the beginning, I was eager to master golf, but I've run out of steam recently.（最初は、熱心にゴルフの上達に取り組んだけど、最近ちょっとやる気が薄れてきた）。

　別のイディオム run out of *something* は、持っているものを徐々に使い切って、そろそろ完全になくなる場合です。よく使う表現に run out of luck［patience, time］があり、Our luck ran out.（命運が尽きた）があります。

幸運をもたらすもの

bring は「ものを運ぶ」だけの意味ではないので、Let me *bring up* several.（いくつかの表現を取り上げます）。

まずは、「春に花粉症が現れる」ことを説明するときには、bring on *something* を利用して、Spring brings on pollen allergies. と言います。一般的に、かんばしくないものに使います。Stress can bring on headaches.（ストレスで頭痛になる）などと。

bring out *something* の使い方の１つは「味が分かりやすい」や「色が目立つ」ようにすること。Spices bring out the flavor of beef and fish, too.（スパイスはビーフや魚の味をより引き立てます）。もう１つはものを一般に売り出すことを意味します：My favorite band is bringing out a new album next month.（私が好きなバンドが、来月新しいアルバムを売り出します）。

「起こす」という意味で bring *something* about / bring about *something* を使います：Destruction of rain forests has brought about damage to the environment.（熱帯雨林の破壊は環境に害を及ぼしてきた）/ She has brought about a major change in his diet. He's eating healthier food these days.（彼女は彼の食生活を大きく変化させてきた。彼は前より健康的なものを食べている）。

bring *someone something* は、This beckoning cat will bring you good luck.（この招き猫は幸運をもたらしてくれるよ）のように、「人に何かをもたらす」という意味。

「難しいことを成功させる」ことは bring off *something*。It is not easy to bring off a translation of haiku into English.（俳句を英語に翻訳するのは簡単ではない）。pull something off は同じ意味で、I'm confident that if we cooperate we can pull the job off.（協力すれば、この仕事はきっと成功できると思いますよ）。

感情に対して使うこともあります。うれしい場合は His comment brought a smile to her face.（彼のコメントは彼女を笑顔にした）、うれしくない場合は The pain brought tears to her eyes.（苦しさから涙を流した）。

あなただけじゃない

「やっと聞こえる［見える］」ことは、make out *something* と表現します：I couldn't make out who he was, because he was so far away.（彼は遠くにいたので、誰だか分からなかった）／ He was talking so fast, we couldn't make out what he was saying.（彼があまりにも早口で話していたので、全然分かりませんでした）。

That makes two of us.（私もそう思います）という表現は、次のような場合にぴったりです。"I haven't a clue what's going on." "That makes two of us."（「何が起こっているのかさっぱり分かりません」「私だって、あなただけじゃないよ」）

make *something* into *something* は「別な形や使い方にする」こと。We made our storeroom into a remote work office.（納戸をリモートオフィスに変えました）。

なるべく「効率よく使う」ことは、make the most of *something* と言います：We have only two days in London, so we need to make the most of them.（ロンドンには 2 日しかいないので、有効に使うべきだ）。

make up *something* には 2 つの意味があります。1 つは「考えて、新しいものを作る」：Kent made up a new song for the band to perform.（ケントはバンドのため、新しい曲を作りました）。もう 1 つは「捏造する、作り上げる」こと：He made up an excuse for being late to the meeting.（会議に遅れた理由をでっち上げた）。

ひどい扱いをする

　「歩く」と関係ない walk についての表現を見ることにします。アメリカ英語では、walk on eggshells［eggs］というと、誰かがすごく機嫌が悪く、怒りっぽいので、その人の近くでは「自分の行動に気を使う」意味です：She's in a bad mood today, so everyone is walking on eggshells.（今日は彼女の機嫌が悪いので、みんなピリピリしている）。

　難しい場面から「さっと出る、逃げ出す」のは walk away from（a bad situation）で、状況を良くする努力をしないで、ただその場から立ち去ってしまうことです：You can't just walk away from all of life's problems.（君はいつも人生の問題から逃げてばかりじゃダメだよ）。逆の表現には、He walked straight into a messy situation.（知らず知らずに面倒な状況に入り込んでしまった）があります。

　「約束した仕事の責任から逃げる」は、walk out on *something* です：We had an agreement, but he walked out on it.（合意があったが、彼はそれを勝手に無視した）。自分の好き勝手に相手に対し「ひどい扱いをする」ことは、walk all over *someone* と表現します：Don't let him walk all over you like that.（彼にあんなふうに好き勝手にされちゃいけないよ）。

　walk off with *something* には 2 つの意味があります。1 つは「簡単に勝つ」で、She walked off with a lottery prize of ¥10,000,000.（宝くじで 1 千万円を当てた）、もう 1 つは「盗む」です：Somebody walked off with my briefcase.（誰かが僕のブリーフケースを持ち逃げした）。walk off（an injury［a headache, anger］）のように、実際に歩くことが「不調を治したり、怒りを静める」ことがあります：After the get-together, I walked off the effects of the liquor.（集まりを終えて、歩いて酔いを醒ました）。

　a walk in the park は「公園での散歩」ですが、それを比喩的に I thought learning French was tough, but that's a walk in the park compared to learning Japanese.（フランス語を習うのは難しいと思ったが、日本語を習うのと比べて楽チンだ）のように使います。

ご出身はどちら

　come from *somewhere* はよく使う表現で、状況により意味が異なる場合があります。Where did you come from? は「今、どこから来たの？」で I came from the train station.（駅からだよ）などと答えます。一方、Where do you come from? は「どこの出身ですか？」という意味で、I come from Tennessee.（テネシー州出身です）などと答えます。また、何かに由来することは、come from 〜 です：My sewing skills come from my grandmother.（私のお裁縫の腕はお姿ちゃん譲りだ）。

　アメリカの国内旅行では、go down to *somewhere*, come down to *somewhere* は「南の方向に移動する」意味になりますが、come down to *something* は「複雑な問題の一番中心的な課題に行きつく」という意味です：The whole problem comes down to renting or buying.（結局は借りるべきか買うべきかの問題に行きつく）。

　「起こる」ことが予測できなかった場合は、come about を使います：How did this situation come about?（どうしてこうなってしまったの？）/ How did it come about that you lost your job?（どうして失業することになったの？）。この答えの可能性の１つは、It came about because the whole company moved to Europe.（会社全体がヨーロッパに移転してしまったから）となります。

　１つの意味しか持っていないイディオムに come down with *something* があります。「（病気）にかかる」で、Many people come down with the flu every year.（毎年、多くの人がインフルエンザにかかります）/ It's essential to take precautions to avoid coming down with Covid-19.（新型コロナに感染しないため、必要な対策を行うべきです）。

　「発展する、進歩する」は口語で come along と言います：Your English is coming along really well.（君の英語は本当に進歩しているね）。

迎えに行く

　何かを「持ち上げる」ことは pick up *something* ですが、場面によってさまざまな意味を持ちます。I pick up my kids after school every day. はもちろん「持ち上げる」とは関係なく、車などで「毎日学校が終わったら子供を迎えに行きます」ということ。また、病気を「拾ってしまった」というニュアンスで、I picked up a stomach problem during my travels.（旅行中、お腹の具合がよくありませんでした）のように言います。

　しかし、これらとニュアンスが全く違った表現もあります。On the highways, cars pick up speed. は「高速道路では、車はスピードを出す」という意味です。

　長い一日の仕事が終わってビールかカクテルを飲むと、A drink after work picks up your spirits.（仕事の後に一杯やると元気が出る）となります。つまり「活力がよみがえる」ということ。そこから、「元気が出る［気分が良くなる］ような薬や飲み物」を a pick-me-up と言うようになりました。

　遠いところからの音が「聞こえる」ことも pick up と言います：We picked up the sound of a helicopter flying in the distance.（遠くを飛んでいるヘリの音がわずかに聞こえてきた）。

　そして、何かの活動を中断してまた再開することも pick up です：We picked up the conversation where we left off.（（前回）やめたところから話を再開しました）。

　先ほど pick up speed が出たので、車関連の表現を見てみましょう。自動車には、いくつかのギアがあり、スタートして動き出すときは、be in low gear と言い、スピードが上がると move into high gear と言います。そして、スムーズに高速で走っている be in high gear は、「フルスピードで、快調に走っている」の意味になります。また、比喩的に「ものごとが快調に進む」としても使います：At first work on our project was moving slowly, but now we are in high gear.（最初のうちは、私たちの企画はなかなか進まなかったが、今では至極順調です）。

知りたがり屋

　日本語と同じように、英語でも「体」を利用したいろいろな表現があります。1つの例は「鼻」です。顔から鼻が出っ張っているからなのか、動物の場合、鼻で食べ物か危険物なのかを探る能力があるからなのか、英語の nosey（あるいは nosy）には「知りたがり屋の」という意味があります。特に他の人のプライバシーにかかわることを知りたがる人に対して批判的に使います：Don't be so nosy! What I earn is none of your business!（あなたには関係ないでしょ！　僕の年収を聞くなんてことはありえない！）。同様の意味で Don't stick your nose into other people's affairs!（他人のプライバシーに鼻を突っ込むんじゃありません！）などとも言います。

　他に *someone's* nose out of joint には「機嫌が悪い」という意味があります：Natsumi broke up with her boyfriend, and she's had her nose out of joint ever since then.（なつみさんはボーイフレンドと別れた、それ以来彼女はずっと機嫌が悪い）。

　ナイフ・刀・宝石などを磨くには神経を使います。それにぴったりな表現があります。砥石は grindstone と言いますが、have [put] *one's* nose to the grindstone は一所懸命、継続的に働くことを意味します：I'm behind schedule on my project, so I really have my nose to the grindstone.（自分のプロジェクトがスケジュール通り進んでいないので、今は本当に頑張らないと！）。

　本当の価値以上に支払いをすることは、pay through the nose（for *something*）です。この表現のニュアンスは「痛いほど払いすぎる」ということ。

　現代では人の数を名詞では head count、そして人を数えることを count heads と言いますが、一千年も前に今のデンマークに住んでいた民族がアイルランドの民族を支配したときに、いわゆる「検地」をして、その人たちを数えたのを count(ing) noses と言いました。人数に対して Nose Tax という厳しい課税をしたのです。この制度から pay through the nose という表現が生まれたのかもしれません。

思わず吹き出す

　一般的に lose は「失う」という意味ですが、場面によってそのニュアンスが違ってきます。頭がおかしくなるのは lose *one's* marbles と言います。はっきりした由来は不明ですが、marbles は、「脳の活動、記憶」の意味です：My grandmother is 80 now but she hasn't lost her marbles.（おばあちゃんは 80 歳だけど、頭はしっかりしている）。

　not lose sleep over *something* は、「物事を心配して眠れなくなることはない」というニュアンスから、I haven't lost any sleep over it. は、「そんなことは全然気にしてない」という意味になります。心配性の友達を励ますために、Don't lose any sleep over such an unimportant thing.（そんな他愛もないことでくよくよしないでください）と言います。

　I just lost it.（思わず吹き出してしまいました）の it は、temper または self-control を指します。例えば、友達が滑って、その格好があまりにも可笑しい場合など。lose *one's* cool は「落ち着き」を失うこと：It was so sudden that I lost my cool completely.（あまりに急なのであたふたしてしまった）。また、lose *one's* head というのは、混乱や興奮によって「理性のない行動を起こす」こと：I've never completely lost my head.（完全に我を忘れてしまったことはありません）。

　lose count というのは、ものを数えていて「数え切れなくなる」、または「途中でどこまで数えたかを忘れる」こと。イベント会場の入り口で入場者を数えているときに、ちょっと別のことに気を取られて、I lost count of how many people had entered.（あれ、何人まで数えたっけ？）となります。

　話・スピーチ・読み物の「流れの筋を失う」のは、lose the thread。He lost the thread of the conversation.（彼は話の流れが分からなくなった）。政治家にも学者にもありそうなのは、She lost the thread of her argument.（彼女は自分の議論の筋道がわからなくなった）でしょうか。

衆目を集める

　他の人のプライベートのことに興味を持つことは poke *one's* nose into *something* と言います。関心を持つだけなら構いませんが、場合によっては迷惑となることもあります。You shouldn't poke your nose into other people's business.（他人のことにおせっかいを焼くべきではない）、Stop poking your nose into my affairs.（人のことに首を突っ込むのはやめてちょうだい）、また、Stop being so nosy! とも言います。

　「軽蔑して見下す」は鼻を使って、look down *one's* nose at 〜 と言います：He shouldn't look down his nose at people who don't speak perfect English.（彼は英語を完璧に話せないからと人を見下すけど、あれは良くないね）。

　turn up *one's* nose at *something* は「ものを軽蔑する、ばかにする」。個人的なことで申し訳ありませんが、The first time I tried *natto* I turned my nose up at it.（初めて納豆を試したとき、毛嫌いしていました）ということがありました。

　足を使った表現に have legs があります。ニュースに出る話に「人が興味を持つ」、「長く関心を集める」という意味になります：The story of the discovery of the Antarctic exploring ship *Endurance* has legs.（（1915年に沈んだ）南極探検船エンデュアランス号の発見はとても関心を集めている）。徐々にそのニュースが注目されてきて、メディアや一般読者も関心を持つようになったということです。

　pull *someone's* leg は「いたずらで人に嘘を言う」ことで、相手に対しては冗談のつもりです："I won the lottery!" "You're pulling my leg!"（「ぼく、宝くじに当たったんだ！」「冗談だろう！」）。

　カジュアルな言い方の stick *one's* neck out は、自分の行為は間違えていて、他の人から反対されるかもしれないが、「そのリスクを覚悟してそれでも行うこと、自ら危険を冒すこと」です：She stuck her neck out for me a number of times.（彼女は何回も、私のために危ない橋を渡ってくれた）。

4

BUSINESS &
THE ECONOMY

{ ビジネス・経済活動 }

一から出直し

　モノポリー（Monopoly）など、ある種の卓上ゲームの目的は、出発点（square one）から進んでなるべく早く相手より先にゴールに着くことです。しかし、運悪く問題が起きて、また出発点に戻らなければならなくなる（back to square one）ことがあります。このことから企画がどうしても通らない、プランが完全にダメになるなどで「一から出直し」するときは、Well, back to square one.（いや、完全に出直ししなければならない）と言います。

　それに近い表現は設計者が使っている製図板（drawing board または drafting board）から生まれた back to the drawing board です。せっかく作ったものの、うまくいかず失敗してしまい、また最初の段階に立ち戻る、白紙に戻すという意味で使います。

　「ゼロからのスタート」は、start from scratch と言います。例えば、He started from scratch and built a prominent real estate business.（ゼロからたたき上げて有力な不動産会社を作った）などと使います。

　スポーツ由来の類似表現があります。競技（特に水泳、陸上）のスタートのときに Ready, set, go!（米）、Ready, steady, go!（英）と言いますが、「go!」と言う代わりに starting gun（スタート合図用ピストル）を使うこともありますね。その合図の「前に」スタートするのを jumping the gun と言います。日本語では「フライング」ですが、英語では make a false start です。この意味から、何か「早まったことをする」という意味になります：The reason he fails in business is that he jumps the gun.（彼が商売で失敗するのは慌てて始めるから）。場合によって、「許可なしに物事を始める」との意味も持ちます。ですから、くれぐれも落ち着いて、Don't jump the gun!（早まらないで）。

マニュアル通りに

「なんでも型通りにする」人には 2 つの面があります。1 つ目はなんでもマニュアル通りの頭がガチガチに硬い場合。2 つ目は正確さへのこだわりです。英語ではどちらも by the book（型通り（に）、ルール（使用説明書など）に従って）と言います：He's honest and does everything by the book.（彼は真面目で、なんでも型通りにします）。

上の表現は何かの「決まった」ルールに従う場合ですが、「自分の基準では」となると in my book を使うことになります：In my book, she could become an excellent manager.（私の見るところでは彼女は最高のマネージャーになりうる）。これはあくまでも個人の意見ということを「自分個人の基準によれば」というニュアンスで言います。

会話のなかで、他の人の意見を聞いて、自分は同意できない場合、Not in my book. と使います。："I think Tokyo is a great place to live." "Not in my book. It's crowded and stressful."（「住むには東京はすごくいいところだと思う」「私の意見は違うよ、人が多すぎて、ストレスがたまるところだよ」）。

相手に応じてフレキシブルに対応することは、ある意味美徳とも言えますが、一方で誰に対しても「規則通りに行う（振る舞う）」go by the book ことも美徳と言えるかも知れません：No matter who he's dealing with, he always goes by the book.（誰とやり取りしていても、彼はちゃんと原則通りに対応します）。

book にはもう 1 つの意味があります。それは動詞としてホテル、レストランを「予約する」です：We booked a room in Osaka for two nights.（大阪で 2 泊の予約をしました）。

似たような表現の be booked up（先約がある）は、会話などで便利な表現です。Are you free on Friday night?（金曜日の夜空いている？）と聞かれて、もう予定があるときは、I'm booked up on Friday. How about Saturday?（金曜日は先約があるけど、土曜日はどう？）や、I'm booked up through the end of the week.（今週は空いている時間が全くないんだ）などと答えます。

知り尽くす

know the ropes という表現の由来には様々な説がありますが、一番有力な説では船乗りはロープの結び方の習得が絶対必要であったためです。また、かつて劇場の scenery（舞台装置）や lighting（照明装置）には、様々な紐の結び方で作動する仕組みがあったことによるという説もあります。いずれにしても、know the ropes というのは「仕事のやり方を知っている、世事に通じている、コツを知っている、内部の事情に明るい、（体験から）仕事のやり方や制度を使う方法を知っている」などを意味する表現として広く使われることになりました：If you have any questions, ask Ted. He knows the ropes.（質問があれば、テッドに聞けばいいよ。彼は仕事のやり方をよく知っているから）。

何かを徹底的に熟知していることを意味する表現として know *something* backwards and forwards もよく使われます。言葉通りの意味（逆にも順序通りにも知っている）だとナンセンスですが、比喩的な表現で「精通している」という意味です：I know this street backwards and forwards because I walk along it every day of the week.（この通りは毎日通っていて、慣れ親しんだ道です）。通りの店や近所の人については詳しいということですが人間関係にも使えます。人の性格、話し方、質問にどう返事するかなどあらゆることを把握している場合です：She knows me backwards and forwards, so I can't hide anything from her.（僕のことをよく知っているから、彼女には何も隠せないんだ）。

いつも目にしていて、何でも知り尽くしているというときは、know *something* like the back of one's（own）hand と言います。よく入る店、よく行くレストラン、よく使うアプリにも使えます：I know that bookstore like the back of my hand.（僕はあの本屋のことは知り尽くしている）。どの本がどこにあるかは、店員さんに聞かなくても大丈夫という場合ですね。

寸分たがわず

to a T という決まり文句は分かりにくいかもしれません。「T」とは一体どんな意味でしょうか。実は「T」は製図用の「T 定規」(T-square) のことで、「T 定規を当てたように寸分たがわず」という意味です。製図は正確に描かれなければならないので、「ぴったり」という意味で比喩的に使われます。

この表現は服などのサイズを表すときに、サイズが合って服がぴったりなら it fits (*someone*) to a T で、Laura, that dress fits you to a T.（ローラ、そのドレスはあなたにぴったりですよ）のように言います。

サイズの他に、もっと比喩的に「条件、役割」といった意味で、That job would suit Alex to a T.（その仕事はアレックスにうってつけだ）などと使います。つまり彼の能力、知識、体験から判断すれば、その仕事とベストマッチだということです。

時間について「ぴったり」というときは on the nose を使います：We reached the station at 9 o'clock on the nose.（9 時かっきりに駅に着きました）。

また誰かの言ったことが「ぴったり」当たっている場合、カナヅチが釘の頭にまっすぐ当たることから hit the nail on the head という表現が生まれました：You hit the nail on the head when you said that Jack wasn't right for that position.（ジャックはあのポジションに不向きだと君が言ったのは全く核心を突いているね）。

他に「ぴったり」の言い方として (be) spot-on があります。例えば、複雑な問題を解決しなければならないとき、誰かが見事な解決案を出した場合に「それがぴったりだ」と伝えるのは That proposal is spot-on!（その提案はぴったりだ）です。また、入学試験の情報や解答は正確でないと困るので、The information and correct answers on the entrance exams have to be spot-on. のように言います。

「班長」はリーダー

　2つ以上の単語からなる複合語を部分ごとに別な言語に訳して、そしてまたつなげてしまうという現象を、言語学の専門用語で calque（翻訳借用（語句））、もっと広く使う言葉で loan translation と言います。「日本生まれ」のおかしな英語に、Safety Drive があります。英語では Drive Safely と言うので、Safety Drive はどこからきたのかと思っていましたが、日本語の「安全運転」の語順に「安全（Safety）」と「運転（Drive）」をつなげたものだと気づきました。これは calque の一例です。

　英語には他言語からきた表現がよく使われます。例えば、hit-or-miss（企画性のない、行き当たりばったりの）はフランス語由来で、To me, fortune-telling is a hit-or-miss business.（僕にとって占いはいい加減なものだ）などと。「暗記する」には memorize という単語があるのに、フランス語からきた表現 learn by heart がよく使われています：Even now I remember the songs and poems I learned by heart as a child.（子供のころ暗記した歌や詩は今でも忘れていない）。また、フランス語の *aller sans dire* をそのまま英単語に入れ替えて it goes without saying のように使うこともあります。It goes without saying that we need everyone's cooperation.（言うまでもなく、彼らみんなの協力が必要です）。

　別な言語からの借用の仕方によっては、言葉の意味も変えてしまいます。中国語の gung ho（共に働く）は、口語で gung-ho（熱心な、すごく協力的な）という意味で使います：When it comes to doing homework, she's never gung-ho.（宿題をやるなると、彼女は気が乗らなくなる）。

　ユダヤ教の法に従って食物を処理することを kosher（コーシャ）と言いますが、清浄に調理するとのことから、宗教と関係なく「正当な、正しい」という意味でも使われます：We need to check with lawyers to make sure this contract is kosher.（この契約が正当かどうかを弁護士と相談しなければならない）。

　「責任者、リーダー、見上げた人」を honcho と言います。Who's the head honcho in this group?（このグループを取り仕切っている人は誰ですか？）。実はこれは日本語の「班長」からきました。

ブラックフライデー

　経済において black（黒）と red（赤）は英語と日本語で同じ意味になります。be in the black は（商売が）「黒字である、もうかっている」で be in the red は「赤字である」。例えば、The pandemic put many businesses in the red.（パンデミックのため多くの企業が赤字になった）などと言います。

　Black Friday には 2 種類の意味があります。キリスト教で昔から言われていたのは「不吉な金曜日」。金曜日はキリストの処刑の日であり、聖職者が黒衣を着ることから不吉なことが多いといわれるようになりました。一方、イースターの前の金曜日は、Good Friday（聖金曜日）と言います。ちなみに、Friday the 13th（13 日の金曜日）が「運が良くない」といわれるのは（1）キリストの処刑日と、（2）13 人目の弟子の Judas（ユダ）の裏切りの 2 つが合わさって「特に不吉だ」とされていました。しかし、現在では特にそういうことはありません。

　全く新しい Black Friday は、最近の現象です。アメリカで小売業者が売上を期待する季節と関係しています。祝日の Thanksgiving Day（感謝祭の日）は 11 月の第 4 木曜日です。4 連休で、伝統的に大家族で集まるので、全国の交通機関が一番混む日ですが、木曜日は家族でご馳走を食べ、その次の日（金曜日）（2022 年では 25 日、2023 年では 24 日、2024 年では 29 日）から年末の贈り物を買う時期が始まるのです。そして、bricks-and-mortar stores（実店舗）と online stores（オンラインストア）がディスカウントを始めるのがその金曜日です。ここで売り上げを伸ばせば、その会社が in the red（赤字）から in the black（黒字）になるキッカケになります。買い物をする人は、ここがチャンスと押しかけるので店はすごく混み、店側は一生懸命宣伝して、大勢に来てもらえるような魅力的な値段をつけるのです。

ブレーンストーミング

　頭を使って、新しい考えまたは問題の解決策を「思いつく、考えつく」ことは come up with *something* と言います：Let's brainstorm and maybe we we'll come up with a good proposal.（ブレーンストーミングしてみよう、何か面白い企画が浮かんでくるかもしれない）。brainstorm はアメリカ英語で「妙案（名案）をひねり出す」という意味で、日本語でも使われています。

　come up with *something* に近い表現は、think up *something* / think *something* up です：She has to think up a way to apologize for the mistake she made.（彼女は自分が起こした失敗をどうやって謝れば良いか考えなければなりません）。

　thinking cap は具体的な帽子のことではなく、熟考［専心］している精神状態を意味します。put on *one's* thinking cap は、真剣に考えて問題を解決しようとする、「じっくり考える」こと：If we put on our thinking caps, we might be able to come up with a good proposal.（みんなで一緒に考えれば、いいアイディアが出るかもしれません）。

　put *something* together は「（具体的なもの）を組み合わせる」ことですが、「考えや発想を組み合わせる」という意味にもなります。犯罪捜査において刑事が手掛かりとなるものをひとつずつ組み合わせて解決するならば、The detective put clues together and solved the crime. となります。

　2人以上の人やグループが相談・協議するのは put *someone's* heads together です。We put our heads together and devised a solution to our labor issues.（額を突き合わせて協議して、わが社の労働問題の解決策を見つけることができた）。

　put two and two together は、「2と2を合わせる」ということではなく、見たもの、聞いたこと、体験したことを合わせて「検討し、推論して結論を出す」ことです：It doesn't take a great mind to put two and two together.（当然の結論を出すのに偉大な頭脳なんて必要ではない）。

お役所仕事

「書類の整理」は面倒で、あまり好まれてはいませんが、どんな社会にもつき物の作業です。「書類」は document(s) ですが、paperwork は、仕事や手続きに関連する書類や記録の整理・保存などの仕事のことです。involve と sort out がよく一緒に使われます：Filing taxes involves a lot of paperwork.（確定申告には多くの書類整理が必要です）／ I'm relieved when someone sorts out the paperwork.（他の人が書類の整理をしてくれるなら気が楽になるんだけど）。

必要以上のルール、大変煩雑な手続きのことは red tape と言います。もともとの red tape は書類、記録を綴じるために 17 世紀イギリスの役所で用いられ、書類が増えれば、それをまとめる赤いテープが何本も必要になります。このことから、時間ばっかり掛かってさっぱり進まない「お役所仕事」を象徴するようになりました。一方、cut（through）(the) red tape はテキパキ進めること：We need new rules to cut the red tape for people applying for welfare.（生活保護を申請する人のために、面倒な手続きをなるべく省略できる新しいルールが必要です）。

「大文字」は capital letters で、例えば、A, B, C などです。別の言い方に upper-case があります。昔の印刷所では、使用する活字は、上下のケースに並んでいました。上のケースは upper-case でそこには capital letters が並んでおり、下のケースは lower-case といって small letters (a, b, c) が並んでいました。

日本語のカギカッコ「　」は引用の場合のほか、強調する場合にも使いますが、英語の quotation marks（" "）は引用に使うのが普通です。何かを強調したい場合にはイタリックにすることになります。会話の中では、「これから引用しますよ」と伝えるとき quote と言います：She said, quote, "I'm exhausted."（もうくたくた、と彼女は言いました）。同じく、会話では quote... unquote は引用の始まりと終わりを示します：MacArthur said, quote, "I shall return," unquote.（マッカーサーはこう言いました。「私は戻る」と）。文字で読むと引用はすぐ分かりますが、会話でもこういう手があります。

十羽ひとからげに

　あるものを評価したり、いくつかのものを比較するとき、(all) other things being equal（他の条件が同じとして）という表現が役に立ちます。車を買う前にいろんな条件を考えます。大きさ、色、メーカー、装備、燃費。それによって値段は高くなったり、安くなったりします。そこで **All other things being equal, a small car will cost less than a larger one.**（他の条件が同じなら、小さい車は大きい車よりは割安だ）や、**Other things being equal, his quick start should bring him victory in the 100-meter sprint.**（他の条件が同じなら、彼のすばやい出足がきっと 100 メートル競走の優勝をもたらすだろう）などと言います。

　競馬ではいろいろな賭け方が提供されています。単勝式、複勝式がその代表ですが、1 枚で単勝・複勝をすべて、つまり 1 着馬（win）、2 着馬（place）、と 3 着馬（show）を組み合わせて買える馬券があり、これを across-the-board（複合馬券）と呼ぶようになりました。これはアメリカでは 1930 年代頃から売り出され、1950 年代からは「あらゆるクラスや分野に関わる」という意味を持つようになりました。それ以来、主にビジネスの世界で用いられてきました。形容詞としては、ハイフンを使った across-the-board（一律の）で、across-the-board tax reduction（一律減税）、across-the-board pay raises（一律賃上げ）などと使い、ハイフンなしでは、**The postal system plans to reduce services across the board.**（郵便局は提供サービスを一括して減らす計画です）のように使います。

　Don't put all your eggs in one basket. は、「1 つのことに全てを賭けるもんじゃないよ」という意味で、1 つの籠にすべての卵を入れると、籠を落としてすべての卵を割ってしまう危険性があるということです。多くの場合、注意・警告として用いられます。ラテン語のことわざの **Trust not all your goods to one ship bottom.**（1 つの船に全てをのせると、沈んだとき全てを失ってしまう）と同様に人を戒めるものです。

チャンスを逃さない

　カードゲームのブリッジでは、1 回のプレーを trick と言い、**win a trick** は「1 回の勝負に勝つ」ことを表します。そこで、**do not［never］miss a trick** と言うと、プレーヤーが「勝ちを逃さない、どんなチャンスも逃さない」ことを意味します。比喩的には「ちょっとしたことでも見逃さない、絶対チャンスを失わない」という意味になります。**She never misses a trick.**（好機を逃さないよ、彼女は）など軽い会話で使われることが多いのですが、真面目なトピックにも使えます：**When it comes to home delivery systems, Yamato never misses a trick.**（宅配サービスについては、ヤマト運輸はどんな小さな好機も絶対見逃さないね）。

　trick は「手段」を表すこともあり、**every trick in the book** は「あらゆる策略、手練手管」という意味で、**know every［any］trick in the book** というのは目的達成のため「利用できるあらゆる策（略）を知る」こと。**Small businesses use every trick in the book to avoid tax.**（自営業者は節税のために、どんな手段でも利用している）。

　商売で使われる **get down to brass tacks** という表現はどういう意味でしょうか。brass は「真鍮」で tacks は「鋲」。ちなみに「画鋲」は thumb tack と言います。昔の小さな町には店が一軒しかなく、店では食料品から日用品雑貨までなんでも売っていました。店のカウンターには、1 ヤードの長さを示す brass tack が打ってありました。布地などを測るときに用いたのです。買い物に来た客がおしゃべりで、他の客を待たせてしまいそうになると、**Let's get down to brass tacks.**（布を測りましょう）と言いました。**Let's get down to business.** と同じ意味で、「商売の話に入りましょう」ということです。そこから、会議に集まった人に向けて無駄話をやめて、「本腰を入れて取り掛かりましょう」という意味になりました。**Everyone is busy so let's get down to brass tacks.**（みんな忙しいのですから、本題に入りましょう）などと使います。

それだけの価値がある

　名詞としての a workout は「運動、トレーニング」の意味で、Harry has a daily workout in the gym.（ハリーは毎日ジムで運動をしている）などと使います。動詞としては、work out と 2 語に分けて「体を鍛える」の意味になります：Mari works out with weights in the evenings after work.（マリは仕事が終わった後、夜にウエイトトレーニングをやっています）。しかし、体力と関係なく、work out *something* は「よく考えて実行する」という意味でよく使われます。We need to work out a way to help homeless people get health care.（ホームレスの人が医療ケアを受けられるような方法を考えなければなりません）。より広い対象についても、work out what［where, how］などとして使われます。We need to work out where we'll stay during our trip.（旅行中にどこに宿泊するかを計画しないといけない）。

　単独の worth は「価値がある」という意味で、How much is...worth? にはさまざまな言葉が入ります：How much is the bracelet worth?（そのブレスレットはどのくらいの価値がありますか）。また、be worth (*doing*) *something* という言い方もよく使われます：The small traditional shops in Kyoto are certainly worth visiting.（京都の小さな老舗のお店は訪れる価値が十分にあります）。

　ちょっと比喩的な表現は、be worth it です：It was a lot of hard work, but it was worth it.（仕事としては大変だったけど、その甲斐があった）。否定文では、It's not worth the risk.（危ない橋を渡ってまでやることではない）などを使います。相手の申し出を断る定番の表現としては、It's not worth the trouble.（それには及びません）があります。

　「役に立つかどうか分かりませんが」と情報を提供する際の前置きの言葉が、for what it's worth です：For what it's worth, a friend of mine works at that company.（（今話に出ている）その会社に勤めている友達がいるよ）。

チャンスをうかがう

chance には「可能性、好機、成功率」などの意味があり、さまざまな表現に登場します。

まず、「可能性がある」という場合、a slim [slight] chance では She has a slim chance of being chosen.（彼女が選ばれる可能性は低い）などと言います。be some chance だと、There's some chance of rain late in the afternoon.（午後遅くに雨が降る見込みがあります）となります。そして可能性が高くなると、There's a good chance that John will be elected.（ジョンは選ばれる可能性が高い）のように言います。仲間同士に限る言い方ですが、Fat chance! は「絶対ありえない！」です。

If by some chance you're near a mailbox, could you drop this in?（もし郵便ポストがあったら、これを投函してくれる？）と言う場合、「もし機会があったら」ということで、頼み方としては丁寧で、それほど大変なお願いではありません。

「好機が訪れたら」に関して、自分の気持ちを表す表現がいろいろあります。まずは、get [have] a chance（機会を得る）は、I'd like a job where I have a chance to work with people from different countries.（いろんな国の人と一緒に働くことができる仕事が欲しい）。そして、その機会が来たら、jump at a chance を使います：I'd jump at a chance to work in Paris.（パリで働くチャンスがあれば、飛びつくだろう）。「機会を掴む」なら、grab a chance を使います：When I was asked where I wanted to work, I grabbed the chance to mention Sapporo.（働く場所の希望はと聞かれたので、機会を逃さずに札幌と言いました）。

「正座」に慣れていない人は、座ってしばらくすると足がしびれてきます。その際には、pins and needles を使います：My legs are all pins and needles.（脚がしびれてビリビリしている）。この表現は、アメリカ英語では「気にしている、ヒヤヒヤしている」という比喩的な意味でも用いられます：I've been on pins and needles all week waiting for a response to the interview.（面接の結果を待って、今週中ずっとヤキモキしている）。

きっと上手くいく

「積極的に取り組む、何かを成し遂げる」という場合は、work at を使います：There's no easy path to learning English. You have to work at it.（英語を学ぶには近道はなく、真面目に取り組むしかないです）。work at doing *something* を使うこともあります：In our free time, we're working at improving our tech skills.（自由時間は技術力の向上のために努力しています）。

work *something* in［into］*something* はある活動に「何かを取り入れる」こと：She works some exercise into her daily routine by walking part of her commute to the office.（運動を日課とするために、会社までの通勤の一部は歩くことにしている）。

「イライラ、ストレスから抜け出す」ことには work off *something* が使えます。I work off stress by taking long walks in the evening.（ストレスを発散するため、夜に長い散歩をします）。

work out *something* は、「よく目的を把握して、それを成すためのプランを決める」こと：They managed to work out a reasonable compromise.（彼らは納得のいく妥協案をようやく作ることができた）。いくら頑張っても、自分の考えたプランがうまくいかないという場合は、Our plan didn't work out.（私たちの計画はうまくいかなかった）と言います。「物事が良くなる、好転する」という表現として I hope things work out. があります。「（自信を持って！）全てはうまくいくよ」と言う場合は、Things will work out, you'll see. となります。

また、「さあ、仕事にかかろう」は、All right, let's get to work. で、「真剣に仕事に取りかかる」となると Let's get down to work. のように言います。

あまり丁寧な言葉ではないですが、仲間の間で使える表現として、work *one's* butt off（がむしゃらに働く、猛烈に働く）があります。work very hard と同様の意味になります。さらに口語なら work *one's* socks off という言い方もあります。

良いことも悪いことも

　日本語の「似たり寄ったり、五十歩百歩」は、It's six of one and half a dozen of the other. と言います。Same difference. も「同じものだ、それほど違いはない」いう意味になります。

　a hard-and-fast rule は「修正の効かない規則や法則」で、a hard-and-fast contract となるとビジネスでの「内容の変更を許されない厳重な契約」のこと。日常的に使えるのは a hard-and-fast deadline（絶対動かせない期限、締め切り）でしょう。しかし、It would never do to go by hard-and-fast rules.（万事そう杓子定規にはいかない）ということもあります。

　人生には成功や失敗などさまざまなことが起きますが、それらは受け止めなければなりません。その表現が、take the good with the bad（良いことも悪いことも両方受け入れる）で take the bad with the good とも言います。You just have to take the good with the bad.（幸運も不運も共に経験しなければならない；良いこともあれば、悪いこともあるものだ）という人生訓です。

　「痛しかゆし」という表現は英語では（be）a mixed blessing で、「半分うれしく、半分困る」場合に使います：Business is going great, but I have no time to myself. It's a mixed blessing.（仕事では商売繁盛ですが、プライベートな時間がなくて、痛し痒しです）。

　「種々雑多」は a mixed bag ですが、さまざまな名詞と一緒に使えます。例えば、パーティーに行って、いろいろな年齢・職業・趣味の人が集まっている場合は、There was a mixed bag of people at the party. と言います。また、The bookstore has a mixed bag of books.（その本屋には多くの種類の本がある）や、The weekly magazines have a mixed bag of articles.（週刊誌はいろんな内容を取り上げている）、あるいは Travel agency pamphlets show a mixed bag of destinations, prices, and choices of length of stays.（旅行会社のパンフレットには、いろんな旅先、値段と滞在期間が紹介されている）などと使います。

もし私があなたなら

　相手が、You know what I mean? と聞いてきたときは「私が言っていることが分かるかい?、意味分かりますよね」と半分確認、半分主張という場合です。Know what I mean? のようにも省略します。それに対しては、I gotcha.（分かってるよ）と応えます。

　I have to say … は直訳すると「私は〜と言わなければなりません」ですが、ニュアンスとしては「本当に〜だね」と強調する場合に使われます。I have to say, I never expected to get the position.（本当に私はそのポジションをもらえるとは予期していなかった）。

　If I were in your shoes や If I were in your place［situation］などの表現がありますが、これは If I were you（私が君なら）ということです。If I were you, I would do it［wouldn't do it］.（私が君だったら、それをやります（やりません））。特に警告で、If I were you, I'd be careful.（私があなたなら、気をつけますよ）のように使います。

　正直で、腹蔵なく発言する人のことは、a straight shooter と言います。おそらく、ボクシングのストレートパンチ straight from the shoulder（ずけずけと、率直に）からきた表現ですが、曖昧でなく、裏もない人ということで、一般的にいい意味で使います：If the boss is a real straight shooter, employees will appreciate her honesty.（上司が直接、正直に話してくれれば、部下は信頼して感謝の気持ちを持ちます）。似ているのは call a spade a spade で、「ありのままに言う、ざっくばらんに話す」。相手が話を受け取りやすいように、Let me be straight-up with you.（ぶっちゃけ、ちょっと確認させて）と前置きをすることもあります。同様の表現で、I'll be straight-up with you : English is not easy to learn.（はっきり言うけど、英語を習うのは簡単ではないよ）とも言います。

　This is all on the level?（信頼できますか?）は、正直・不正直とともに合法・非合法への問いも含まれます。on the level は口語で legit（legitimate から）とも言い、Is this legit? で「合法的だよね?」のように使います。

椅子を占める

hold は単独でも広い意味を持っています。hold a post [job]（地位を占める [職にある]）は、Roberta holds an administrative job in the firm.（ロベルタはその会社の管理職についている）。政府ならば、She holds a cabinet post.（閣僚の椅子を占めている）です。もう1つは「開催する」で、hold a meeting [conference, party] のように使います。We plan to hold a conference on AI at the university.（その大学で AI についての学会を開催する企画があります）。

次に hold のイディオムをいくつかを見ましょう。hold *something* back は「隠している」：I think David is holding something back.（なんとなく、デイビッドには隠していることがありそうです）。hold off（on *doing something*）は「遅らせる」ことで、Let's hold off on making a decision until next week.（決めるのは来週まで待ちましょう）などと使います。

hold 〜 up、I hold up 〜 はよく受身で使います：Sorry I'm late. I was held up by a subway delay.（遅くなってごめん、地下鉄の遅れに巻き込まれちゃって）。また、目的語がものの場合は「落ちないように支える」という意味です：The roof of the temple is help up by enormous stone pillars.（その神殿の屋根は巨大な石柱で支えられている）。

売ったり、人にあげたりせずに、自分で取っておくのは、hold on to 〜 と言います：After he passed away, I held on to the ring my father always wore.（父の死後も、彼が付けていた指輪を大切に取っておいた）。

get（a）hold of *someone* というのは「誰かを探して何かを話す」こと：If I can get a hold of Terry, I'll ask if he can attend the party.（テリーに連絡がつけば、彼をパーティーに招待します）。

hold all the cards はもちろんカードゲームからの言い方です。競争や討論では「すべての利点、強みを持つ」で、It seems that they hold all the cards, so there's little we can do.（彼らが勝ち札をすべて握っているから、私たちにできることはほとんどない）などと使います。

どちらでもない

　提案に対してどうかなと思っても、まずはやってみることにするのは、give *something* a try（ダメモトでやってみる）で Why not give it a try?（それをやってみてはどう？）、Let's give this idea a try to see if it works.（このアイディアがうまくいくかどうか試してみようじゃないか）などと使います。考えだけではなく、具体的なものにも使えます。Let's give this new Mexican restaurant a try.（この新しいメキシコ料理の店を試してみようよ）。

　Someone can take it or leave it. は 2 つの意味に用いられます。1 つは「好きも嫌いもない」で、「あってもなくてもいい」というニュアンスです：Some people love matcha, but I can take it or leave it.（ある人は抹茶がすごく好きだけど、私はどちらでもないです）。もう 1 つは、商品の値付けで相手に「これ以上はまけられないので、買うかどうか決めてください」と言う場合、This is my final offer, so take it or leave it. となります。

　fill *someone* in は最近の情報を伝えることで、I've been gone for two weeks, so fill me in on what's been happening.（2 週間留守にしていたので、このところの事態の推移を教えてちょうだい）などと言います。

　fill in all the blanks は、試験や調査などで「すべての空欄に記入しなさい」ですが、all を取った fill in the blanks は、口語で比喩的に「あとは想像に任せる」という違う意味になります："How did the presentation go?" "The slides were mixed up. Tom forgot the prints. For some reason, Alice didn't show up. I'm sure you can fill in the blanks."（「プレゼンはどうだったの？」「スライドの順番は間違えるし、トムは配布プリントを忘れるし、なぜだかアリスは現れなかった。こう言えば想像つくだろ」）。

　都合がいいかどうかを確認するには work for *someone* を使うことができます。Does Friday work for you?（金曜日のご都合はいかがですか？）に対して、That works for me. と答えれば「それで構わない、都合がいいです」という意味になります。

全く心配ないさ

「的を外れた、要点を外れた」は beside the point です。ディスカッションで What she said was beside the point. は「彼女が言ったことは要点から外れていた」ということで、確かにそういう人と仕事をするのはイライラすることがあります。

nail *someone/something* down, nail down は、「確定する、（交渉相手と）事項を全部決定する」こと：We can't nail down the details of a contract in just a week. （たった1週間で、契約の細かい点を全部決定するのは無理です）/ We nailed him down on the deadline. （彼から最終期限の言質を取った）、It's hard to nail down exactly what caused the accident. （その事故の原因を特定するのは難しい）。

「すべての点において、あらゆる意味において」という意味で to all intents and purposes という表現はよく使われます：To all intents and purposes they are man and wife. は「二人は夫婦同様だ」という意味になります。

「自らの決定を再考する」は、have second thoughts（about *something*）のように言います。「自分で会社を創立しようと決めたが、（経済状況が変わって）考え直すようになった」は、He began to have second thoughts about starting his own company. です。また、決めたことを考え直す前置きとして on second thought が使えます：On second thought, we changed our plans regarding proposal for the new product. （考え直して、新製品の企画を変更しました）。

逆に、何かについて全然心配しないのは without a second thought と言います：Without a second thought, I loaned my friend some money. （全く心配せずに、友達にお金を貸すことにした）。

「だからこそ、それならなおさら」それをすべきだよと言いたい場合は、all the more reason for *something* を使います："It's already 11:00, you know." "Yeah. I'm really tired." "All the more reason for going to bed now." （「もう11時だよ」「そうだね、もう疲れた」「それならなおのことすぐ寝なさい」）。

性に合わないな

　イディオムとしての go through *something* にはいくつかの使い方があ
りますが、まず、「厳しい体験、楽しくない気持ち」などネガティブな
ものを経験する場合があります：It helps to talk to someone when you're
going through a crisis.（危機に陥っているとき、誰かと相談するのは助け
になります）。もう 1 つは、「よく読んで正しいかどうかをみる」場合
です：We'll go through the contract and check the details.（契約書を読ん
で、細かい点を確認します）。

　It goes without saying は分かりやすいと思いますが、「言うまでもない、
それはもちろん」という意味：It goes without saying that you are wel-
come to visit us at any time.（もちろん、いつでも家においでください）。

　go against the grain は、何かが「性に合わない」こと。In my position
at the office, I sometimes have to make decisions that go against the grain.
（職場の自分の立場では、個人としてやりたくない決断も敢えてしなけ
ればならないときがある）のように使います。

　休みで、しばらく留守にするのは go away で、期間を示す場合は、go
away for *a period of time* となります：During the spring, I like to go away for
a long weekend once a month.（春の内に、月に 1 度 1 日の休暇を取って
（3 連休にして）出かけたいものだ）。

　日本語の「うちに帰る」というのを、go back と come back で混乱し
て使っている人を見かけます。自分のいる場所を起点にして、もし職場
にいるなら、I look forward to going back home. と言います。そして、家
にいる人の側からは、When are you coming home? と聞きます。これは、
電話で話すときも同様です。とにかく日本語の「帰宅」「（外から）家に
帰る」を直訳しないことです。

　「賛成する」としては、go along with 〜 を使います：I can't go along
with you on that idea.（あなたのその考えには賛成できない）／I'm willing
to go along with you on your proposal.（その意見には異存はありません）。

一歩ずつ着実に

　収支決算表の最後の行は the bottom line です。ここには計算の最終結果が記載され、これを見れば損益が一発で分かります。このことから、bottom line は「結果、結論」を意味するようになり、**The bottom line is (that) ...** の形でよく用いられます。ニュアンスとしては、いろんな事情を検討しているなかで「一番重要なのは〜」ということです：In teaching, the bottom line is you need to explain things at the students' level, not your own.（教えるときは、自分のレベルじゃなくて、学生のレベルで説明するのが一番大事です）。また、相手に結論を示す前に **Here's the bottom line.**（ここが肝心な点だ）のように言います。

　ほどほどに進んでいたのに、ある時点で急に進まなくなった場合は、**hit a brick wall** と言います：For several years, work was going well, but suddenly this year we hit a brick wall.（数年間、仕事はうまくいっていたけど、今年突然ダメになった）/ Our project has hit a brick wall.（われわれの計画は今壁に突き当たっている）。

　歩みはゆっくりだけれど、進歩していますということを強調したいときには **slowly but surely**（ゆっくりとしかし確実に）を使います。She works slowly but surely.（彼女は着実にしっかり働きます）/ The movement to address climate change is slowly but surely gathering strength.（気候変動に対しての活動は、徐々にではあるが確実に勢いをつけている）。Aesop's Fables（イソップ寓話）の "The Tortoise and the Hare"（うさぎとカメ）が由来ですが、英語のことわざに Slow but sure [steady] wins the race.（遅くても着実なものが勝つ）があります。

　「一歩ずつ」は **step by step** で、*cliché* として、**No matter how long the road, you can only go step by step.**（千里の道も一歩から）がありますが、あまり耳にしません。実際は、We were shown the Japanese papermaking process step by step.（和紙作りの各工程をひとつずつ見せてもらった）のように使うことが多いです。

一点の疑いもない

　会話の中での no doubt というフレーズは、「おそらく確かだ」という意味になります：In regard to this project, you'll no doubt have questions. （この企画について、あなたはきっと疑問があるでしょうね）。もう少し強い意味の no doubt about it は「確かなこと」の意味になります：Fukuzawa Yukichi was a multi-talented person, no doubt about it. （実際確かに、福沢諭吉は多才な人だった）。

　beyond a doubt は「疑いもなく」という意味の強調の表現：This song is beyond a doubt Beethoven's masterpiece. （この歌曲は文句なしにベートベンの傑作です）。さらに強めたければ、beyond the shadow of a doubt（少しの［一点の］疑いもなく）を使います。裁判で「彼が無実だということは一点の疑いもなく示された」は、It was shown beyond the shadow of a doubt that he was innocent. となります。

　「当たり前である」ことは、without question を使います：Soldiers are to obey their commander without question. （兵は指揮官の命令に無条件に服従すべきものである）。beyond question は「文句なし」ですが、Beyond question, he is the best man for the job. （確かに、彼はその仕事に最適の人だ）のように「確かに」という意味で使われます。関連した言い方に、take *something* for granted があり、We take it for granted that our drinking water is safe. （飲み水は安全だと当然思っています）、I take his honesty for granted. （彼は当然正直だと思う）などと使います。

　assume that ... は「一応 *something* ということにしておこう」という意味。Let's assume that ... はよく提案に使います：Let's assume that the yen is going to get stronger. What should we do? （ひとまず円高になるとしましょう。ならどうすればいいでしょうか）、また「そう決めてかからずにもう一度考え直してみよう」いう場合にも使います。Instead of assuming Venice is the best destination, let's consider other options. （ベニスがベストの目的地だと決めつけないで、他のところの可能性も考えましょう）。

もうこれっきりです

on time と in time は、同じようなものだと思われがちですが、意味が違います。on time は人・電車・飛行機・会議が「時刻通り」の意味です：We make it a habit to arrive at meetings on time.（時間には会議に到着するようにします）。一方、in time は何かの期限内にすること。決まった時間内に必要なことをこなすという意味で、「締め切りまでに、約束した時間までに」ということです：Frank never finishes his work in time.（フランクが締め切りまでに仕事を終わらせたことは 1 回もない）。

「これっきりで」、「きっぱりと」のように何かを最後にするのは、once and for all と言います。Let's settle this matter once and for all.（この問題にきっぱりけりをつけよう）／ I will explain it once and for all.（もう一度だけ説明してあげます）。ちょっと厳しい言い方ですが、このように前置きすれば、相手も注目すると思います：Let me say once and for all that I am not going to do your work for you.（はっきり言うけど、僕はあなたの仕事を代わりにやってあげませんよ）。

on（such）short notice は「こんなに急ぎでは難しい」というニュアンスで使います。It's impossible for us to fill your request on such short notice.（ご依頼の件は、今日明日というわけにはいきません）／ I can't be expected to do it on such short notice.（そう急に言われてもね）。

重要なものから順番に、優先度の高い順にするのは first things first と言います：Let's do first things first.（まず最初にやるべきことをやろうじゃないか）。もう 1 つ、put *something* on the back burner というのもあります。台所のガスレンジでは、前のバーナーを使ってから奥のバーナーを使うということからきた表現です。First things first : We'll have to put the minor problems on the back burner. は、台所にも料理にも関係なく、「重要なことをまず先にして、細かい問題は後回しにしなくてはならない」という意味です。

前向きに検討する

think は「考える、信じる、思いやる」などの意味ですが、ニュアンスはいろいろあります。ゼロから何かを「考え出す」は think up *something*。I was trying to think up an excuse for not attending the event.（行きたくないイベントに欠席する理由を考え出そうとした）。

think *something* over は「よく検討してから決心する」こと：Why don't you think it over and let me know in a few days?（数日よく考えてから、連絡をください）。類似の think through *something* / think *something* through は、ある行動による起こり得る結果について、いろいろな可能性を想像して検討することを言います。

ちなみに、日本語の「検討させていただいて善処します」は Let me think this through. I'll do my best. で、そのまま英語に訳すとポジティブに聞こえてしまいますが、日本語のニュアンスは No と理解するべきでしょう。

「何かを思い出す」というのは think back on *something* を使います：When I think back on my first days in Japan, I clearly remember the very first meals I ate.（日本に来た初めの頃を思い出してみると、最初の食事で何を食べたかをはっきり覚えています）。

私の好きな日本語の１つに「思いやり」があります。英語では、be considerate（of others）、be thoughtful などがありますが、さらに think of others も同じことを意味します。「他人のことをまず考えなさい」は、Think of others first. で、より具体的に「あなた自身よりも不運な人たちのことを考えなさい」は、Think of others less fortunate than yourself. となります。また、同様の表現に put yourself in someone else's shoes があります：Put yourself in someone else's shoes and think of how other people feel.（立場を入れ替えて、ほかの人の気持ちを考えてみなさい）。

また、「ありがとうございます」に対して、「どういたしまして」の１つの表現としては Think nothing of it. があります。「気にしないでください」とも訳せます。

エネルギーと熱意

　get through *something* は「仕事を終わらせる」とか「試験に通る」とかに使います：I got through my chores before lunch.（お昼前に日課を終えた）／I finally got through the driving test and got my license.（なんとか運転試験に合格して、免許をもらいました）。

　get (*something*) through to *someone* は「（何かを）誰かに理解させる」です：I tried to get through to him that cooperation is really important.（協力はすごく大切だと彼に説きました）、I got the importance of this matter through to her by explaining carefully.（彼女に丁寧に説明したら、この問題の大切さを理解してもらえた）。

　「最初から」という意味でアメリカ英語では from the get-go を使います：From the get-go, I knew Venice was going to be fun.（最初から、ベニスは楽しいところだと分かっていた）。「エネルギーとやる気」は get-up-and-go と言います：By the end of the project, I had used up all of my get-up-and-go.（企画が終了した時点で、自分の活力と熱意は全部使い切ってしまった）。

　get over *something* は「（何かに）うまく対応する」こと：I don't know how we're going to get over this problem.（この問題にどう対処すればいいか分からない）。これとは違って、can't get over *something* は「（何かに）びっくりする、感動する、面白く思う」ということ。例えば、I can't get over how healthy she is at 80 years of age.（彼女が 80 歳でこんなに元気でいるのはすごいことだね）と言います。

　get *something* together は自分の人生・生活をコントロールする、「うまくやりこなす」ことです：He's just trying to get his life together at the moment.（今、彼は生活を軌道に乗せようとしているところです）。

　動詞の get together というのは「集める、集まる」で、気軽な時間を一緒に過ごすというニュアンスで、Let's get together on Friday night.（金曜日の夜、集まろうよ）のように使います。その「集まり、パーティー」は a get-together と言います：We had a get-together after the ball game.（野球の試合が終わってから集まりがあった）。

一体なんの騒ぎ？

　あることについて「十分に話す」のは talk *something* over。「説得する、相手に賛成させようとする」のは talk *someone* into *something* と言います：I'm trying to talk my friend into working on a project with me.（友達にある企画で一緒に仕事しようと説得している）。その逆は talk *someone* out of *something* です：Let's talk them out of that foolish idea.（彼らを説得してあの馬鹿げた考えを思い止まらせよう）。

　「人と取引する」の英訳に do business with *someone* がありますが、make a deal with *someone* も使われます。特にビジネス以外の場面では deal の方をよく使います。

　別な意味の deal は「状況、取り決め」などを表します。What's the deal? は、「取り決めの内容」を詳しく知りたいときに使います。

　What's the big deal? は、「一体なんの騒ぎだ？」ということで、「そんなに重要じゃないだろう！」というニュアンスが含まれています。It's no big deal. は「大したことじゃない」で、You're making a big deal out of nothing.（つまらないことに大騒ぎをするなよ）のように言います。

　値段が適正で条件が良ければ、It looks［sounds］like a good deal.（良さそうだね）と言います。また、「決定した約束、取引、やり取り」について、It's part of the deal. と言えば「そのことは含まれています」という意味になります。

　「問題を解決するために必要な行動をとる」は、deal with ～ を使います。Don't worry. I'll deal with that.（心配しなくていいよ、私がそれを解決するから）。そして、問題が解決したら、Let's wrap things up.（そろそろ切り上げよう）となります。また「まあ、このあたりで終わりにしてはいかがでしょうか？」は、What do you say we wrap things up at this point? と言います。

天職を見つけた

　人を訪問するのは call on *someone* ですが、もう1つの意味に「正式に要求する」があります：The UN has called on both sides to agree to a ceasefire.（国連は双方に停戦に合意するように求めました）。

　call *someone's* attention to *something* は、「〜に対して人の注意を喚起する」で、I'd like to call your attention to this slide.（こちらのスライドに注目をお願いします）などと使います。「天気予想では午後に雨が降るとのことです」は、アメリカ英語では The weather forecast calls for rain in the afternoon. のように言います。

　具合が悪いので仕事を休ませてもらいたいとき、職場に電話するのは、call in sick です：He called in sick.（彼は電話で病気で欠勤すると伝えた）。イベントなどを「キャンセル、中止」することは call off *something*。The performance was called off because of rain.（興行は雨のために中止になった）。

　コンピューターを使っている際に、call up *something* というと、その画面上にウェブサイトなどを「呼び出す、表示する」という意味です：I called up their website, but it didn't have the information I was looking for.（そのサイトを呼び出してみたが、欲しかった情報は見つからなかった）。

　make a good [bad] call はスポーツの審判についても使いますが、一般的な場面では、make a good [bad] decision の意味で使います：Buying that house was a good call. For that price, it has good value.（あの家を買ったのはいい決断だった。あの価格なら十分に価値がある）。また、an easy call と a hard call はその判断の難しさの程度を表します。なお、a judgment call は、「個人の判断で決めること」、つまり、はっきりした良し悪しは言えないということ。

　ちなみに、*someone's* calling は「（ある職業に対する）天職意識、使命感」です：She was in her 30s when she found her calling as a teacher.（30代になって、彼女は学校の先生が天職だと分かった）。

初めからもう一回

　take it easy（気楽にやる）、take it for granted（当然と思い込む）、take it or leave it（どちらでも結構です）など take it の関連表現がありますが、ただの take it には別の意味があります。痛み・苦労・罰・侮辱を「乗り越える」ことです：The work is hard, but I can take it.（仕事の内容は大変だけど、耐えられる）／I can't take it anymore.（私はもうこれ以上耐えられない）。

　店で在庫の商品を確認することは、take stock［an inventory］と言います。そこから take stock of *something* は、現状を判断するという意味になりました。例えば、「状況をよく検討した結果、彼は行動計画を決定した」は、After taking stock of the situation, he decided on an action plan. のように言います。

　take it from me は「私を信じて」という意味になります：Take it from me. She'll move to New York.（私を信じて。彼女はきっとニューヨークに引っ越しますよ）。

　劇の練習、バンドでの曲の演奏、職場でのプレゼンを「初めからやり直す」は、take it（again）from the top. です：Okay, everyone, let's take it again from the top.（さあ、みんな、初めからもう1回やってみましょう）。そして、リハーサルが進む中で、「さあ、休憩しましょう」は Take five! と言います。実際に「5分」ではなく「ちょっと」休憩するというニュアンスです。

　物事を見てそこから何かを吸収するのは take in *something* で、吸収したものを情報として記憶します：We stood in front of the palace, taking in the details of the façade.（宮殿の前に立って、その正面の細かい部分までを記憶しようとした）。

　take back *something* は自分の言ったことを「撤回する」こと：I'm sorry. I take back what I said about your idea.（悪かった、君のアイディアについて私の言ったことを取り消します）。「参加する」ことは口語では take part in *something*［*doing*］。She took part in establishing the children's playground.（彼女は子供の遊び場の創設に力を尽くした）。

やっと姿を現す

turn は「曲がる、向ける、向きを変える」などの意味が一般的ですが、イディオムとして使われると、さまざまな意味を持ちます。

大変な時期、難しい体験を乗り越えて、「物事が少し良くなっている」なら、have turned the corner が使えます：The government says that the economy has turned the corner, but that is not supported by the facts.（景気が上昇に転じると政府は言っているが、事実はそれを裏付けてはいない）。これに近い表現は、turn *something* around です：She turned the company around in a year and a half.（彼女は1年半で会社をすっかり立ち直らせた）。

someone would turn in their grave という表現は、もし死んだ人が生き返っても、今の起こっていることに絶対賛成しないということ：Your conduct would make your parents turn in their graves.（あなたの行為はお墓の中のご両親を嘆かせるだろう）。

turn up には2つの意味があります。turn up *something* は「温度を高くする」または「音量を上げる」こと：I turned up the volume of my radio to drown out the noise from the next apartment.（アパートの隣の部屋の騒音をかき消すようにラジオのボリュームを上げた）。もう1つは人の行動で、「姿を現す」こと：David turned up at the last minute.（デイビッドはギリギリになって現れた）。その反対に turn down *something* は「低くする、下げる」ですが、申し出などを「拒絶する」という意味もあります：She turned down their job offer.（彼女は彼らからの仕事のオファーを断った）。

How did things turn out? は「どのような結果になったの？」という意味です。これに関連して、turn out well、turn out badly、turn out fine といった表現が使えます。また、As it turned out ... は、「結果として...、結局のところ...」という意味になります：As it turned out, she never came to the party.（結局のところ、彼女はパーティーに来なかった）。

思うところを伝える

　自分の考えや意見などを「はっきり相手に伝える」のは put *something* across を使います：He puts his ideas across well.（自分の思うところを伝えるのは上手だ）。

　put away *something* にはいくつかの意味があります。1つは文字通り「しまう、片付ける」：I need to put away the groceries as soon as I get home.（家に帰ったらすぐ食料品を仕舞わないと）。2つ目は「お金を貯める」こと：Everyone should put away some money for future needs.（みんな将来のためにお金を取っておくべきです）。リスも put away します：Squirrels put away a stock of acorns for the winter.（リスは冬に備えてドングリを蓄えます）。そして口語では「多く食べる、飲む」という意味になります。It's amazing how much my son can put away.（うちの息子は信じられないほど食べますよ）。

　嫌な思い出や体験を忘れて、「将来を考える」のは put *something* behind you と言います：You should put that business behind you and get on with your life.（あの事件のことは忘れて前向きに人生を歩んでいくべきです）。

　put down *something* はもちろん「ものを置く」ですが、もうひとつの意味は「紙にものを書く」ことです：Could you put down your name and phone number here?（お名前と電話番号をここに書いていただけませんか？）一方 put *someone* down となると「けなす、批判する」という意味になります：She put him down for being late.（遅れて来たことで彼女は彼をこき下ろした）。

　「失敗から学ぶ」ことは put *something* down to experience と言います：Everyone gets rejected from time to time; put it down to experience.（誰だってフラれることはあるよ。まあそれを人生経験と見なせばいいんだ）。

　put in *something* は、時間や努力を費やして働いたり、練習したりすることです：Rebecca put in a lot of effort as coach of the women's team.（女子チームのコーチとして、レベッカはすごく努力しました）。

ベストを尽くす

　「ずるい、汚い方法で利益を得る」は、pull a fast one のように言います。It's tough when a friend pulls a fast one on you.（友達に一杯食わされるのはこたえるね）。

　アメリカで crew というと rowing（ボート競技）の漕ぎ手という意味ですが、特に Ivy League 大学の競技では、各 oarsman（漕ぎ手の選手）が自分の体力の限り頑張らなくては、他の crew member の負担になって、ただの passenger（乗船者）になってしまいます。to pull one's (own) weight は自分のベストを尽くして「自分の役割を上手く果たす」という意味になります。In a good band, everyone pulls his own weight.（いいバンドはメンバー 1 人 1 人が自分のベストを尽くす）。

　相手が転ぶように「足を引っ掛ける、人を馬鹿にする」ことは、to trip *someone* と言います。

　pull the plug（プラグを抜く）は、「止める、中止する」という意味になります：The government has pulled the plug on subsidies for this project.（政府はこの企画の補助金を打ち切ることにした）。ちなみに、電気プラグは electric plug、日本語のコンセントは socket と言います。

　フランス語の *être assis entre deux chaises*（sit between two chairs）という表現が英語に借用されて、fall between two stools になりました。1 つの意味は「どちらでもない」こと。例えば、His book is neither a novel nor nonfiction. It falls between two stools.（彼の作品は小説でも、ノンフィクションでも、どちらでもない）。もう 1 つの意味は優柔不断や躊躇によって「失敗する」こと。例えば、仕事のオファーを貰ったが、別の仕事と迷っていたら、その間に他の人に決まってしまった。そんなときは、I fell between two stools.（躊躇してしまって、失敗した）と言います。

万事滞りなく進む

run は「走る」や「作動する」に使われますが、ここではその他の表現を見ることにしましょう。run a tight ship という表現の a tight ship というのは、帆船の帆と縄が全部「ピンと張られている」ことで、それを指揮しているキャプテンは信頼できます。そこから、比喩的に会社などの組織を「完全に管理して運営する」ということになりました：Sharon runs a tight ship and doesn't waste resources on meaningless activities.（シャロンは堅実に会社を経営して、無駄な活動に資産を浪費したりしません）。

丁寧に組み立てられたぜんまい仕掛けの時計は信頼できます。「時計通りに進む」つまり「スムーズに動く」ことは、run［go］like clockwork と言い、特に仕事、イベント・会議・旅などに使います：Everything went like clockwork.（すべてが滞りなく運んだ）。The subways and the Shinkansen run like clockwork.（地下鉄と新幹線は時刻表通りに運行する）は、日本に来る外国の観光客が感動します。

run of the mill の由来はもちろん「製作所、工場」です。mill から生産された製品は、「並の、特徴のない」ことから、20世紀初めに比喩的に「普通」という意味になりました。ハイフンを入れることもあります：Ken is just a run-of-the-mill guitarist.（ケンはギター演奏者としては、並みだよね）。つまりギターは弾けるが、とりわけ上手くはなく、目立たないということです。

1920年代アメリカ生まれの表現、run someone ragged というのは人を「疲れ果てさせる」という意味で、働き過ぎて「ボロボロになる、くたくたに疲れる」こと。My three young children run me ragged every day.（うちの3人の子には毎日くたくたに疲れさせられる）。

森で狩猟犬に野生動物を追いかけさせたところから、run riot（暴れ、騒ぎ回る）という表現が生まれました。獲物の臭いを見失った犬たちが迷って混乱状態に陥ったことが由来です：The kids were running riot in the park this afternoon.（午後には子供たちが公園で騒ぎ回っていた）。

CHAPTER

5

ANIMALS & NATURE

{ 動物・自然 }

鳥から見える世界

　私たち人間から見える世界は限られていて、通常地面から２メートル弱の高さからものを見ます。しかし、鳥は真上からものを見ますので、そのものの見方は a bird's-eye view になります。この言い方は実際にものを見るときにも比喩として使うこともあります。つまり、物事を全体的に捉える、overview を得ることを指します。例えば、英語を理解するために「英語圏の文化の概観を理解することが望ましい」は、It's helpful to have a bird's-eye view of the culture of the English-speaking world. と言います。つまり、細かい点が解らなくても、おおざっぱな理解があると役に立つということです。

　人間が目的地を目指すときには、いろんな障害物を乗り越えることが必要です。道がなければ山を越えなければならないとか、森林を通らなければならないとか、建物を迂回しなければならないなどです。しかし、野鳥に道は関係ありません。高い高度で飛べば、「直接」目的地に行けます。その「直線距離で」を示すときに as the crow flies と言います。どうして「カラス」なのかは考える必要はなく、「長い距離を飛ぶ鳥」として理解すれば十分です：My son's school is 5 kilometers from here as the crow flies. （直線距離で息子の学校はここから５キロです）。

　今の時代になって、ことわざを使うチャンスはあまり多くありませんが、知っておいて損はないものもあります。例えば、「類は友を呼ぶ」はまだ使えます。英語では、Birds of a feather flock together. となります。直訳すると、「同じ羽を持つ鳥は一緒に集まる」で、同じ服の好みを持つ、話し方も同じ、価値観も同じということです。

　人間の子供も小鳥みたいに完全に親から独立すると、その「巣（家）」が empty になります。そこから empty nest と言うようになりました。empty nest syndrome は、空の巣症候群、子供に巣立たれた親の「虚脱感」です。

若さと食欲

動物の比喩表現は、英語と日本語ではちょっと違うように思います。例えば「食べ方」。他の人のことを He eats like a pig.（豚のようにガツガツ食う）と言わない方がいいですが、自分自身についてならば、ビュッフェや食べ放題の店で I ate like a pig at the party. と言えます。さらに、自分の若い時代を振り返って I could drink like a fish and eat like a pig.（僕はガブガブ飲んで、ガツガツ食べた）と言っても自分のことなので失礼になりません。

また、英語では「食べる量」を説明するときに ... like a ... を使って表現する動物は決まっています。スズメを想像してみれば eat like a bird というのは「少食です」ということ。その反対に大きい動物なら eat like a horse（大食です）と言います：When I was a kid, I ate like a horse!（子供の頃は大食漢だった）。これも自分に対してなので失礼になりません。

国を問わず親にとって teenager（10代の子）が沢山食べるのは共通の悩みといえるかもしれません。Hungry teenagers can eat you out of house and home. この英語の表現はそういうことを言っています。このなかのフレーズ eat *someone* out of house and home は意訳すると「人の財産を食い潰しかねない」つまり、「食べ盛りの10代の子供らの食費が高いので家計に重い負担をかける」ということです。私も若い時代、have seconds（おかわりをする）ことを習慣にしていましたが、なぜか太りませんでした。

うっかり秘密を漏らす

Let sleeping dogs lie. ということわざは、「寝た子を起こすな、藪を突いて蛇を出すな」と似た意味で、問題またはけんかを起こさないため、わざわざ余計なことを言わないという意味です：You didn't need to mention his ex-girlfriend. You should have let sleeping dogs lie.（彼の昔の恋人について何も言うべきではなかった。変な雰囲気になったじゃないか）。

let the cat out of the bag という面白い表現の由来ははっきりしませんが、意味は「うっかり秘密を漏らす」です。しかし「企業秘密、外交秘密」みたいな内容では使いません。ちょっとした秘密に限ります：It's a surprise party, so don't let the cat out of the bag.（（誰かに）パーティーの秘密を漏らさないで、びっくりさせたいんだ）。同じ意味で don't spill the beans（秘密を漏らすな）という表現があります。通説では、古代ギリシャでは議会で新しいメンバーを選ぶときに1人1人が壺に白豆（賛成）か黒豆（反対）を入れることになっていました。豆をこぼしたら「秘密投票」がばれることから「秘密を漏らす」という意味になったそうです。

大雨が降ると、It's raining cats and dogs.（ひどいどしゃぶりだ）とよく言いますが、アメリカの Library of Congress（議会図書館；日本の国会図書館に相当する）でもその由来をはっきり決められないようです。1つの説として、昔イギリスで猫と犬が死ぬとその死骸は町の中に置かれ、そこに大雨が降るとそれらが浮かんで流れたというのがあります。この表現は、雨が「土砂降り」のときによく使われます。

A bird in the hand is worth two in the bush. は「捕えている一羽の鳥はまだ藪の中にいる二羽よりも価値がある」ということで、日本語の「明日の百より今日の五十」ということわざがぴったりです。

カンカンに怒る

　物事を喩える場合に「〜みたいな…」、「〜ほど…である」という表現のパターンがあります。アメリカの英語の中では、例える動物についての意味合いが日本と異なっているものもあるので、覚えておきましょう。

　まず、(as) … as a … というパターンを使います。すごく忙しいときに使う I'm busy as a bee. は分かりやすいでしょう。ミツバチはあちこち休まず飛んで「忙しい」ように見えます。

　強さを主張するときには、He's (as) strong as an ox. を使います。雄牛のように非常に頑強なことで、場合によって、(as) strong as a horse とも言います。

　鳥は「自由」に空を飛んでいるように見えるので、(as) free as a bird と言います。また、非常に幸福、全く気楽と言いたいなら (as) happy as a lark（とても楽しそう）という表現になります。日本でも「ヒバリ」には同様のニュアンスがあるようです。

　「すごく怒っている」は (as) mad as a hornet で、「気が狂ったようにカンカンになって」ということです。実際の「スズメバチ」も怖いですが、比喩としては「耐え間なく攻撃を仕掛けてくる」という感じの表現です。

　ちなみに「はた迷惑な乱暴者、無神経に（乱暴に）ふるまう人」に対しては特別な表現があります。He acted like a bull in a china shop. です。直訳すると、「陶磁器店に闖入した雄牛のようにふるまった」ですが、すごく繊細な場面に無神経な人が介入してきて、最悪の結果になったというイメージです。

　「頑固者」を表す言い方は、She's (as) stubborn as a mule. です。donkey、ass（ロバ）とは「ばか者、とんま」のことですが、mule（ラバ）は「頑固者」と考えられています。ラバは、馬とロバの間に生まれた子で、馬より強くて、ロバより体が大きくよく働くので農耕でよく使われる動物でしたが、動きたくないときには、人間が何をやっても動かせない。そのラバの性格がこの表現の元となりました。

ブルームーンを見た？

　稲妻（lightning または bolt）は、急に起こる気象現象であることから「思いもよらない、予期しない出来事」の意味で、フレーズとして（like a) bolt from ［out of] the blue（青天の霹靂）のように使います。out of the blue というのは「空から、天から」で、突然みんながびっくりするようなことを指します。例えば、The announcement came like a bolt from out of the blue.（その発表は全く寝耳に水だった）や、Her resignation after 15 years at the company came like a bolt out of the blue.（15年間勤めた会社を彼女が突然辞めたのにはまったく驚いた）などと使います。

　季節によって、夜の空に上がる月は黄色や赤っぽい色になります。特にハロウィンに近い頃、まれにちょっと青っぽく見えるときがあります。それは、すごく「まれ」な大空の現象ということで、once in a blue moon という表現が生まれました：A chance like that comes once in a blue moon!（そんな機会はめったにくるものではない）／ "Do you go to concerts often?" "Only once in a blue moon."（「よくコンサートに行きますか？」「めったに行かないね」）。

　さらに、細かい点について説明を加えると、日本語で「かみなり」という場合、「雷鳴と稲光」の両方を示すような気がします。一方、英語では thunder and lightning（雷鳴と稲光）と区別して、We saw the flash of lightning and then heard the rumble of thunder.（稲妻が光ってから雷鳴が聞こえた）などと言います。

毛色の違う馬

　馬を使った表現は多くあるので、いくつかその例を見ることにします。馬の外見についての a horse of a different color は、文字通りだと「異なった色の馬」になりますが、比喩的には「全く別の事柄」という意味になります。That's a horse of a different color.（別個に検討するべきです）のように使います。「それとこれとは違うものだ」という意味の言い回しには、馬ではなく魚ですが、That's a different kettle of fish.（全く異なった代物だ）があります。

　straight from the horse's mouth（情報源から直接に）という表現の由来の有力な説の１つは、馬の年は持ち主に聞くより、馬の歯を直接見る方が「より正確に分かる」ということ。もう１つは競馬の前に有力馬に賭けるため、いろいろと馬の調子を調べます。その際「情報源」として当てになるのは「馬」そのもの、その次は馬の世話役のトレーナーなどでしょう。そこから比喩的に「直接本人から、一番よく情報を持つ人から」という意味になりました。例えば、I heard it straight from the horse's mouth that Ami is taking a job at another company.（亜実さんが別の会社に転職するって直接彼女から聞いたんだ）と言います。また、学業の知識がなくても「現実的な知識が豊か」という意味で馬を使った horse sense という表現が使われています。Anyone with a little horse sense ought to be able to guess why she's changing jobs.（少しでも常識があれば、彼女が転職する理由は分かるだろう）と言ったりしますが、この場合はより給料が高い、将来性があるなどが理由でしょうか。

　医学などの研究の実験に使われることから（serve as）a guinea pig（モルモット（になる））は実験台になるという意味。薬の研究にボランティアを募集する場合、Students volunteered to serve as human guinea pigs.（学生たちが被験者になると申し出てくれた）のように使います。

貝になりたい

　clam（貝、ハマグリ）などは危険を感じると口を閉じます。そこから clam up は、人が「口を閉ざす、情報を伝えない」という意味になりました：He clammed up on me.（彼は私に対して堅く口を閉ざしてしまった）。

　worm 自体は「みみず」などのことですが、a can of worms は口語で「込み入った問題」の意味になります。open a can of worms というのは「（わざわざ）面倒な問題を引き起こす」ことで、a Pandora's box（パンドラの箱）に近いでしょう。Leave that issue alone; it's a can of worms.（あの問題はほっておけ、厄介千万なものだから）のように使います。

　水から引き揚げられた魚は動くこともままならず、全くもってだらしないものですが、人間でも同様のことがあります。その場合（feel）like a fish out of water と言います。ちょっと偏見かもしれませんが、ラグビー選手が初めてオペラを見る、日本語がわからない外国人が落語を聴くなど、戸惑って手も足も出ない様子を表すのに I felt like a fish out of water. と言います。日本語のことわざに「魚の水に離れたよう」というのがありますが、これは生きるための唯一の頼りを奪われ、進退きわまった様子を言ったもので、英語とはややニュアンスが違うようです。

　The early bird catches the worm. は直訳すれば「早起きの鳥は虫を捕まえる」ですが、意味は「早起きは三文の得」ということ。朝いちばんに限られているのではなく、何でも「早くすれば機会をつかめる」ということです。そこから early bird specials という言葉が生まれました。これは、レストランが混みあう夜の時間帯より前の夕方5時頃にレストランに行けば定価よりも安く食べられるということです。

イチかバチかの賭け

海や川には危険があることから生まれた表現がいくつかあります。in the same boat は、「みんな同じ境遇（運命、状態）にある、危険や苦しい立場を分かち合っている」という意味になります："I'm so busy I don't know what to do." "We're all in the same boat, so there's no use complaining."（「忙しくて死にそうだ」「みんな苦しいんだから、ぐちを言っても始まらないよ」）。つまり「あなただけでないよ」ということです。

川にも危険な場面があります。激流で岩がいっぱいあるのにパドルがなくて漕ぐことができず、岩にぶつかる可能性が高い、そんな状態が、(be) up the creek without a paddle：Now we're up the creek without a paddle.（いまわれわれは窮地に陥っている）。

水や乗り物と関係なく「苦しい羽目に陥っている」と伝える表現は (be) in a fix。After the earthquake, lots of people were in a fix.（地震後多くの人たちは困難な状況になっていた）。

「成功か失敗かは本人次第」という、他からの手助けを期待しない己の覚悟を示す表現が sink or swim です：Sink or swim, I'm determined to study abroad.（上手くいこうがいくまいが、僕は海外留学する決心だ）、Opening a restaurant is a simple case of sink or swim.（新しいレストランを開くことは、全くイチかバチかの賭けです）。

本当に困ったとき、多少マイナス面があっても、手伝ってくれるという申し出があれば受けるべきです。そんなことわざが、any port in a storm（嵐の際にはどんな港でも良い、せめてもの頼り）です。大雪で電線が切れて停電、電気がないとヒーターが使えず料理もできない、どうしようと思ったときに友達が「うちに泊まってらっしゃい」と言ってくれて、ちょっと遠かったが本当に助かった、というときは、My friend's house was a bit far away, but she offered to let me stay with her. Any port in a storm. と言います。

嵐を呼ぶ男

weather a storm というのは「嵐を乗り切る」という意味で、This ship can weather any storm.（この船はどんな嵐でも乗り切れる）のように使います。そこから「難局を切り抜ける」という意味ができました：Our team weathered a storm of attacks by our opponents, and we won 3-0.（私たちのチームは、相手チームの猛攻撃を耐え忍んで、3対0で勝ちました）。また、ビジネスでは、The company weathered the storm of protests regarding its new location.（その会社は新しい建設用地に対するあらゆる反対を切り抜けることができた）などと使います。

状態がとても難しくなったり、対抗処置が必要になったときには、when push comes to shove という表現が使えます。この場合の push は比較的普通の意味の「押すこと、圧力」ですが、shove はもっと強く「押しのける、乱暴に押す」という意味で、「ますます厳しい状態になったら」というニュアンスです：If push comes to shove, the government will place tariffs on imports.（いよいよとなれば、政府は輸入品に関税をかけるだろう）／If push comes to shove, I may have to cancel my holiday.（いざとなったら、休暇をキャンセルしなければならないかもしれない）。

人を「イライラさせるもの、うんざりさせるもの」は、a pain in the neck と言います。That old man next door is an absolute pain in the neck.（隣に住んでいるおやじにはまったくイライラさせられる）。人だけではなく物事にも使えます：Personal relations at work are a real pain in the neck.（職場の人間関係とは厄介なものだ）／Telephone sales people are a real pain in the neck.（セールス電話にはまったくうんざりだ）。

ヨーロッパでも北米でも昔の人にとって、人の住まない「暗い森林」は怖いところで、wilderness「未開地」だと考えられていました。ですから、そこから脱出したと思ったら安心します。しかし、安易に油断しないように、We're not out of the woods yet.（まだ困難［危険］を乗り越えてはいないよ）と警告します。

負け惜しみだよ

　火山が「（噴火して）頂上を吹き飛ばす」ことは The volcano blew its top. と言い、blow one's top は、比喩的に人が「カンカンに怒る」ことを意味するようになりました：My father blew his top. （おやじの雷が落ちた）。また、「蒸気を噴出する」のは、let off steam で、これも比喩的に「発散する、うっぷんを晴らす」という意味になりました：Kids need to let off steam sometimes by getting exercise. （子供は時々運動をして、エネルギーを発散する必要があります）。

　イソップ物語の「キツネとブドウ」からきた表現に sour grapes があります。お腹を空かせたキツネがブドウを取ろうと飛び上がりますが、どうしても届きません。結局あきらめて、「美味しそうだと思ったけど、本当は酸っぱいってことは分かっていたのさ」と負け惜しみを言います。ここから sour grapes は、「負け惜しみ」の意味となりました。cry sour grapes は「負け惜しみを言う」こと：It's a case of sour grapes. （ブツブツ言うのは負け惜しみだよ）／ That's just sour grapes. （それは負け惜しみにすぎない）／ "I didn't want that job anyway." "That's just a case of sour grapes." 「どうせあの仕事はやりたくなかったんだ」「そんなのは負け惜しみだよ」）。

　hatch （ハッチ）は船の甲板の昇降口で、batten は防水シートでハッチを覆うとき、ハッチから水が流れ込まないようにシートを締めるための当て木のことです。batten down the hatches （昇降口の当て木を締める）は嵐に備えるための作業というところから、比喩的に「難局［危険］に備える」という意味で用いられるようになりました：The boss is coming and he's furious. Batten down the hatches! （ボスがカンカンに怒ってやって来るから、みんな気をつけろ！）。ボスが激怒していることはある意味「嵐」なので、「それに備えろ！」、つまり「用心しろ！」ということです。

猛スピードで

　動物も、人間も、地獄みたいなひどい状況からは必死になって逃げようとするでしょう。コウモリはその飛び方がじつに素早いことで知られていますが、「猛スピード」で飛び出す姿はまるで地獄から逃げ出しているように見えたので、like a bat out of hell と言われるようになりました。この表現は、第一世界大戦中に飛行兵の間で広まったそうです。敵機に遭遇したときの彼らの操縦技術が、地獄から逃げるコウモリのように俊敏だったからだと思われます。

　アメリカ映画産業の話ですが、長い映画の場合、観客は早くクライマックスのアクション、例えば「追っかけ（chase）」シーンを見たいから、前段のゆっくりしたところを飛ばして、クライマックスを早く見せてという意味からきた言葉が cut to the chase です。そこから「退屈な［冗長な］部分を飛ばして、さっさと要点を言って」という意味になりました：Cut to the chase—what is it you want me to do?（前置きはいいから、私にやって欲しいことを言ってください）。

　これまでと違うことをして「気分転換したい」というのが a change of pace です。速度やペースについても使いますが、主に「気分」を変えたい場合に使われます：When I've been studying a long time, I listen to music for a change of pace.（長い時間勉強していたから、気晴らしに音楽を聴くことにします）。a welcome change は「うれしい変化」です：After eating ramen every day, even a hamburger is a welcome change.（毎日ラーメンを食べているから、たまのハンバーガーはうれしいな）。

　change つながりでは、a change for the better（好転する）、a change for the worst（悪化する）という表現があります：After three days of rain, even cloudy weather is a change for the better.（雨が 3 日間降ったから、曇りの日でも天気が好転したことになる）。

ゾウとロバの対決

　アメリカ合衆国では選挙の時期になると、必ず選挙ポスターやテレビニュース番組などで2つの動物のイメージが出てきます。それはロバとゾウです。

　このキャラクターと実際の動物の性格との関係はありませんが、*Harper's Weekly* という雑誌でトーマス・ナスト（Thomas Nast, 1840–1902）による政治イラストが初めて書かれた1870年代から、「共和党」には「ゾウ（elephant）」を、「民主党」に「ロバ（donkey）」をイメージキャラクターとして当てました。これが今日まで習慣的に続いています。

　2000年のアメリカ大統領選では、さまざまなメディアが印刷物でもテレビ画面でも、各政党の有利な地域、確定の州を色で示すことにしました。

　そして、Republican（共和党）を赤に、Democrat（民主党）を青にしました。この2つの色はアメリカの旗の2つの色からきています。そして、各々の政党の力が強い傾向の州を色で説明するときに red states（＝Republican states）と blue states（＝Democratic states）と習慣的に使うようになりました（もしどっちがどっちなのか分からなくなれば、Republican が R で始まるから red と覚えると良いでしょう）。

　また、両者の力が拮抗していて州の獲得票の傾向が「変わりそう」か「どちらか分からない」ことがあります。そのときは青と赤の混じる紫を使って purple states と言うようになりました。

負け馬に賭ける

車をバックさせることは back up と言います。そこから、話の途中で「前の話にちょっと戻りたいですが」と言いたいときに、I'd like to back up to something you said earlier. のように使います。もう 1 つの意味は「支持する人やその行動を支援する」です：I'll back up your proposal in the meeting today.（今日の会議であなたの提案を支持します）／ It's essential to back up ideas with facts.（実例を挙げてアイディアを補強しなければいけません）。

また、back up には「（交通などを）渋滞させる」という意味もあります：An accident backed up traffic for twenty minutes.（事故で 20 分くらい交通渋滞していた）。

せっかく支持してもうまくいかない場合については、競馬からきた面白い言い方があります。back the wrong horse で、「負け馬に賭ける、弱いほうを支持する」という意味になります。これは、選挙にも使いますが、さらに一般に「見込み違いをする」という意味でも使われます。Be careful not to back the wrong horse. は、意外と日本語のことわざ「大所の犬となるとも小家の犬となるな」に近いのではと思います。

back down は「言ったこと、約束したことを取り消す」ことで、Don't back down now. は「今ここで手を引かないで」となります。in the back of one's mind は、頭の隅に心配事があって、それが事実でないといいなと思うようなニュアンスで使います：In the back of my mind was the thought that my girlfriend liked someone else.（頭のどこかで僕の彼女は別な人を思っているのではないかと心配していた）。

know something like the back of one's hand は、目の前にあっていつも見ている自分の手の甲のようによく知っている、つまり「熟知している」という意味です。I know this city like the back of my hand.（この町を知り尽くしている）。back to back は「背中に背中をつけて」ということですが、よく使われるのは「連続の、続けて」の意味です：I have meetings back to back all morning tomorrow.（明日は午前中ずっと会議の連続だ）。

6

DAILY LIFE &
THE FAMILY

{ 日常生活・家庭 }

気軽な挨拶

　Hello! Hi! Long time no see! といったカジュアルな挨拶の表現は聞き慣れていると思いますが、その使い分けは簡単ではありません。ちなみに、目上の人には Long time no see. は使わない方が無難です。しかし、偶然会った人、知らない人、また親しい人にはどう挨拶すればいいでしょう？　知っている人への挨拶もワンパターンにならないように、いくつかの挨拶を覚えておきたいものです。

　具体的に質問しているわけではなく、仕事についての一般的な挨拶は How are things at work?（仕事の具合はどう？）です。本当に仕事の状況を知りたいという訳ではなく、ただ、相手に対する「気配り」として使います。「もうかりまっか？」「ぼちぼちでんな」と同じようなものです。

　「どんな具合ですか？、調子はどうだい？、具合はどう？」などに幅広く役に立つ言い方は、How's it going（with you）? です。それに返事するときは Fine, couldn't be better.（最高、言うことないです）あるいは Fine, thanks.（うまくいってるよ、ありがとう）や All right, I guess.（まあ、問題ないというところかな）などと言います。

　同様の一般的な挨拶には How's everything going?（調子はどう？）、How are things with you?（調子はどうですか？）があり、返事としては、Can't complain.（まあまあだね）。

　How are you? の場合 How are you, Mr. Smith? とするとより丁寧に、Hey, Jim! How are you? なら友達にふさわしい言い方となります。

　よりカジュアルな挨拶になりますが、What's up?、What are you up to?、What's happening? などがあります。これらの表現は、情報を伝えることなく、質問でもなく、通り過ぎながら言うこと。専門的用語でこれらは phatic communication（共感的コミュニケーション）です。つまり、社交的、雰囲気作りのための言葉ですから、さまざまな表現を覚えましょう。

絶対に行きたくない

　私は日本語での短い「リアクション」表現を理解するのに苦労しました。ここでは多く使われる英語の短い感情表現を確認しましょう。

　質問に対して、自分の強い賛意を表したいときには Absolutely! を使いたいものです。Do you want to have sushi for lunch? なら Absolutely! でいいですが、質問の内容をよく理解しないと逆の意味になってします。Don't you want to go?（行きたくないの？）の場合、Absolutely! と答えると「行きたくない！」となります。「絶対に行きたくない」なら、Absolutely not! を使いましょう。「お腹すいてない？」は英語では、Aren't you hungry? で、もし Yes. と答えれば「うん、お腹すいてないです」になるので注意してください。

　「とんでもない、絶対に嫌だ」は、口語で短く No way! と言います。韻を踏んで最後の母音がダブるように No way, Jose!（絶対ダメ（ノーウエイ、ホゼイ））と言うこともあります。スペイン語の Jose という名前を使うことに特に意味はなく、音の「遊び」として理解してください。これは目上の人には言いませんが、You're kidding? または No kidding!（まさか！、冗談でしょう）という表現もあります。

　Whoa!（ちょっと待って！）は言っていることが違う場合：Whoa, I didn't say that.（待って！　私はそんなこと言わなかったよ）。また相手がどんどん話をして、内容が全然把握できないときに Whoa! Calm down and speak slowly.（ちょっと！　落ち着いて、ゆっくり話してよ）とも言います。

　面倒な仕事を早く片づけた相手の手際を褒めるときには Way to go! = Well done!（よくできた！）と言いましょう。

　Oops!、Whoops! には 2 つの意味があります。ちょっとぶつかったりしたとき、Oops! I'm sorry. I didn't see you.（ああ、ごめん、気づきませんでした）と使うのが 1 つ。もう 1 つは自分の失敗や社交的に失礼な発言をしてしまった場合。例えば、知り合いに「彼女は元気？」と言って、「別れたよ」と返事が来たら、Oops! I'm sorry. I didn't know.（ごめんなさい、知らなかったんだ）と言います。

運を天に任せる

　ヨーロッパ経由かネイティブ・アメリカン由来か諸説がありますが、「木」には神、魂が宿っているので尊重しなければならない、という考えがありました。そのため、自慢をしたり望みを言ったあと、祟りを恐れて近くの木製品を叩くことで、「木」の力を借りるという習慣があります。例えば、自信満々に、I'm sure I'll get a promotion this year.（今年、絶対昇進できるだろう）と言ってしまった後に Knock on wood. と付け加えます。そのとき同時に木材でできた机、扉などを軽く叩きます。叩くと効果があると信じているというよりは、「自信満々に言ったけれど、実はちょっと心配している」というニュアンスを付け加えるのです。I've never had an automobile accident, knock on wood. は「今まで交通事故にあったことは一度もないんだ、これからもないといいんだけど」という意味です。

　もう1つのおまじないは keep *one's* fingers crossed です。何かが起こって、運が悪くなったり、楽しいことが無くなったりしないように、人差し指と中指で「クロス」を作って「上手くいくように祈る」という意味です：Keep your fingers crossed that we have good weather for our picnic.（ピックニックの天気が良いように祈ってください）／I'm keeping my fingers crossed that I will win the lottery.（宝くじが当たりますようにと幸運を願っている）。

　「すべては情況次第だ」は、That (all) depends. または It (all) depends. と言います。「（時と場合によるので）なんとも言えない」ということで、"Want to go hiking on Saturday?" "That depends. If the weather is good and I finish my work, I'd like to go."（「土曜日ハイキングに行かない？」「それは時と場合によりますね。天気が良くて、仕事を終わらせられたら、行きたいです」）などと使います。

　「悪い事態がさらに最悪になったら」というときは If worse comes to worst を使います。月曜日朝一に提出しなければならない資料がなかなか完成しない場合、If worse comes to worst, I'll work late on Friday to do it.（最悪の場合、私は金曜日に残業してでも仕上げます）と言います。

願ってもないもの

　ことわざ、決まり文句の中には、今の世代ではあまり使われなくなったものもありますが、耳にしたり目にする機会もあるので覚えておいて損はないでしょう。

　戦争中、逃げながら、次々と渡った橋を焼いていくのは、相手が後から来られないようにする作戦の１つですが、**Don't burn your bridges behind you.** は、比喩的に新しい職場に移動するときに、前の（楽しくなかった）職場や同僚への不満や文句を言ったりしないで気持ちよく別れたほうが良いという意味です。

　Don't put off until tomorrow what you can do today.（今日できることを明日に延ばすな）はよく使うイディオムで、**put off** というのは「延長する」という意味です。**It takes all types［kinds］(to make a world).**（世の中にはいろんな人がいるものだ）というのは深淵な哲学ではないですが、自分にとって理解できない行動をする人にかかわったときなどに便利な表現です。

　Just what the doctor ordered! は、医師が患者に処方する良薬や的確な療法のように「ちょうど欲しい［必要］と思っていたもの」という意味で、例えば、暑い日に喉が渇いたとき、「レモネードはいかがですか？」と言われ「ああ、願ってもないものだ」というときに使う表現です。

　Never say die.（弱音を吐くな）は、「負けじ魂を発揮しろ」ということで、**Don't give up! / Hold on! / Stick to it!** と同じような意味を持っています。**It's never too late (to ...)** の表現のパターンから、**It's never too late to mend.**（改めるのに遅過ぎることはない）ということわざが生まれ、さらに、**It's never too late to learn English.**（英語を学ぶのに遅過ぎることはない）などとも言います。

　相手が何か気にしているようなら、**Never mind.**（かまわないよ！、何でもない！、おかまいなく！）と言いましょう。和製英語のドンマイに近いですが、ドンマイに当たる英語はどちらかというと **Don't worry about it.** です。

レンジでチンする

　電子レンジで「チン」することは、2通りの英訳が可能です。1つは簡単に、動詞として microwave を使います。I microwaved left-over curry for lunch today.（今日はお昼に残り物のカレーをレンジでチンした）。口語では、zap も使えます：Just zap a pizza in the microwave for supper.（夕飯は簡単にピザをチンしようよ）。

　口語で、「ゼロ、全くない」は zilch と言います：I know absolutely zilch about cooking, so I eat out all the time.（料理のことは全然分からないから、いつも外食することにしている）。「非常に多い、信じがたいほど多い」は millions, billions, trillions を用いますが、「それよりもっと多い！」ことを大げさに言う場合には zillions を使います：There are zillions of new apps available for smartphones.（スマホ用には無数のアプリが存在します）や I've got a zillion things on my to-do list.（やらなければならないことがあまりに多すぎます）。

　zip はいろんな意味を持っています。日本でいう郵便番号はアメリカでは zip code で、Zone Improvement Plan（ZIP）の省略です。また、「速く行く、動く」ときは、I'm going to zip over to the post office and drop this in the mail.（これをポストに入れるため郵便局にさっさと行ってきます）と言います。さらに、「エネルギー、元気」という意味もあります：Maria's got more zip now because she likes her new job.（新しい職場が気に入って、マリアさんはますます元気になった）。

　zoom は今馴染みのリモート会議アプリの Zoom に使われる以前から、2つの意味で使われてきました。1つは「注目する、一点にフォーカスする」。After checking several outdoor goods catalogues, I zoomed in on the perfect tent for emergencies.（いろいろなアウトドア用品のカタログを研究した結果、バッチリな非常用テントに狙いを絞った）また、2つ目は「急に上がる」という意味の zoom up として。Condo prices have zoomed up in the past year.（この1年で、マンションの値段が急激に上がった）。

卑猥な禁止用語

　人・組織・辞書・出版社、メディアによって英語でタブーとされる言葉にはいろんな基準があります。いわゆる four-letter words の多くは実際に 4 文字になっている場合もあれば、それ以上の場合もあります。ここでは、それらを使うことは勧めませんが、どのようなものかは理解した方がいいと思います。

　これらは（1）体の部分、（2）体の機能、そして（3）セックスに関するものです。一番卑猥であるのは fuck、shit、cunt かもしれません。サブカルチャーの場面でそれらを使うのを「カッコイイ」と思っているのか、男性が相手を見下す攻撃の言葉として、Fuck you! を使うことがあります。残念ながら、このアメリカ英語は世界中に広がってしまっています。

　そのような表現は音楽、漫画、そして映画に出てくるかもしれませんが、アメリカの映画業界の基準（film rating）ではそういう言葉が出てくる映画は、R（restricted）として、17 歳未満の人は保護者同伴の義務があります。これらの「卑猥な」言葉は、obscene や vulgar と言われていて、当然のことながら、使うとまともに相手にされなくなります。

　four-letter words を使わないで、婉曲表現を使うのも心遣いといえるでしょう。相手にとって、不快な言葉ではなく、受け取りやすい言葉が使われます。例えば、shit より shoot（意味のない言葉ですが）、fuck より freaking などを若い人は使っていますが、大人はわざわざこういった言葉を使わなくてもいいと思います。

　比喩的に four-letter word という言葉を皮肉として言うこともあります。例えば、Work is a four-letter word to that lazy fool.（あのおバカにとって、「仕事」というのは禁止用語だ）などと使います。

びっくりしたなあ！

　驚いたり、怒ったりしたときには、次のような表現が使えます。これらは宗教的にタブーとされる表現ではないので安心です。

　いらだちや怒りを表したり、強く命じたりするときは For Pete's sake!（後生だから、どうか）と言います。Pete はキリストの使徒、聖ペテロのことです。

　他にも、For heaven's sake!（（あきれて）いくらなんでも！、お願いだから！）、Good heavens!（あれまあ！、困ったなあ！、さあ大変！、しまった！、あーあ！）、Heaven forbid!（そんなことがないように！、とんでもない！、そんなことあるものか！）などもあります。

　恐怖や病気で血の気が失せてしまうときは、(turn) white as a sheet と言います。日本語の「真っ青、顔面蒼白」です。ちなみに「真っ白な」はどう表現するのでしょうか。as white as snow と言います。「青ざめる」は turn green です：She turned green at the sight.（その光景に彼女の顔が青ざめた）。

　フェンシングでは、選手が受けの姿勢にあるとき、フランス語で *en garde* と言います。ここから英語の表現 on guard が生まれました。「用心する、警戒して」の意味になります。逆に off guard は「油断して、警戒を怠って」の意味です。相手の一瞬のすきを見つけて攻撃することを catch *someone* off guard（人が油断しているところを攻撃する）と言います。比喩的に Her question caught him completely off guard.（彼女の質問に彼は全く不意をつかれた）とも使います。「びっくりしてしまって」声も出なかったときは、I was dumbfounded［astonished］. と言います。

　もう少し落ち着いた「びっくり」は、I never imagined that would happen.（あんなことが起こるとはびっくりだ）、My father was amazed at my good grades.（私がこんなに良い成績が取れたことに親父がびっくりしていた）という言い方があります。

死ぬほど驚く

　「（誰か）を死ぬほど恐れさせる［驚かせる］」には、ちょっと長めですが、決定版の表現 scare the (living) daylights out of *someone* があります。daylight は「日光」の意味ですが、複数形で「正気、意識」の意味を持っています。そこで scare the (living) daylights out of *someone* は、直訳すると「人から意識を失わせるほど怖がらせる」となります。「命が縮んだじゃないか！」ということです。

　関連した表現に、beat the (living) daylights out of *someone* もあります。これは「正気を失わせるほど叩く」が直訳で、「打ちのめす、こっぴどくやっつける」といった日本語が当てはまります。beat の代わりに kick とか knock を使っても同じ意味になります。

　「びっくりさせるなよ！」と大げさに反応する言い回しには、Don't scare me like that！や You almost gave me a heart attack！（心臓が止まるかと思った）または You scared me to death！／ You scared the life out of me！（死ぬほどびっくりした）などがあります。もちろん、命の危険性はないのですが、それくらいびっくりしたという表現です。

負のスパイラル

　相手のコメントに対して「そんなことはありえない！」と反論するときに That'll be the day! と言います。意味としては、「そんな日が来ると思いませんよ！、そういうことがあれば奇跡だよ」といったところです："Does your husband help with the cooking?" "That'll be the day! He doesn't even make the coffee."（「旦那さんは料理を手伝ってくれるの？」「ありえないです！　コーヒーだって入れてくれません」）。

　口語で、行動や話す内容が人をカンカンに怒らせるというのは、drive *someone* up the wall と言います。イメージは精神科病院や刑務所の壁［塀］をよじ登る感じ。同様の表現に、drive *someone* crazy、drive *someone* nuts、drive *someone* mad があります。His inability to make up his mind drove me up the wall.（彼がグズグズしているのが私には歯がゆかった）。

　相手の主張を聞いても、筋道が立たない、道理が通らないことは、doesn't hold water と言います。その議論・話・証拠などを「バケツ」として考えると、水が漏れるならそのバケツは穴だらけで機能を果たさない、相手の言っていることに反論の余地があるということです：His excuse for being late because the subway was delayed didn't hold water. I was on the subway, and it was on time.（地下鉄が遅れたという彼の言い訳は通らなかった。僕もその地下鉄に乗っていたのに遅れなかったから）。

　a vicious circle、あるいは a vicious spiral は、日本語の「悪循環」とほぼ同じ意味です。特に be caught in、be trapped in の後に付けます：There's an increase in the number of people who have to borrow money to pay off old debts, caught in a vicious circle.（借金返済のためにさらに借金を重ねる悪循環に苦しむ人が増えている）。

　scapegoat（スケープゴート）は、旧約聖書の人の罪を負って荒野に放たれたヤギ、「贖罪のヤギ」からきた表現です。ある人やグループを scapegoat（for *something*）（他人の罪を背負った身代わり）とするのは今でもよくあることです。I was made a scapegoat for the mistakes of my superiors.（上司のミスの身代わりにされた）などと使います。

万事了解しました！

　get 〜 は「〜を理解する」という意味になります。そこからいろんな口語表現が派生したので、頻繁に使うものを見ていきましょう。

　まず、相手の説明・指図・命令に対して I've got you. と言うと「理解しました、分かりました」という意味になります。口語ではそれを短縮して Gotcha. または Got it.（了解！）となることが多いです。目上の人に対しては I understand. や Yes. の方が適切ですが、Gotcha. ／ Got it. ／ I got you. はスラングではなく、職場で同僚に向かって使えます。例えば、"Let's try to finish this by the end of the day." "Gotcha."（「今日中にこれを終わらせましょう」「了解です」）といった感じです。

　また、「理解」を意味する get はよく会話に出てきます。他の人の行動・態度・ふるまいが「理解できない」場合は、I don't get it. と言います：I don't get it. Why doesn't the government create more childcare facilities?（どうして国は育児施設をもっと多く作らないのだろう。それが分からない）。I don't get it. と It doesn't make sense. は同じように使えます。

　相手の疑問点について、自分でも理解できていない、説明できないときは、You've got me there.（さあ、分からないね、それは自分にも分からない）と言います。相手がすぐに分かってくれた、理解してくれたときは、You got it!（その通りなんだよ）。

　もう１つ、get it には、レストランのウェイターやバーテンダーが、オーダーに対して「わかりました、すぐに持っていきます」の意味で使う You got it. があります。直訳だと「もうすでに持って来ています」となり、ちょっと大げさな返事のようですが、広い心で理解してください。

　Don't get any ideas.（変な気をおこさないようにね）は、何か怪しい、不審なことをしないようにということです。

噂をすれば影

　キリスト教では神様の名前、悪魔（Satan、the Devil）の名を気軽に口にすることは危険、または罪であるとされていました。そのことを背景に、昔からのことわざで Speak of the devil and he will appear.（悪魔のことを言えば必ず悪魔が現れる）と言われてきました。今では省略形で、Well, speak of the devil! を「噂をすれば影」の意味で使うのが普通となっています。これは宗教的な意味合いから離れた表現で、「その人について話をしていると、何と、本人が現れた！」といった軽い意味で、悪魔とは全く関係がありません。

　同じように思いがけない人と出会ったときに使う表現は、Well, look who's here!（おや、誰かと思ったら！）です。

　Look who's つながりで、少しきつい表現があります。相手に批判されたり、悪口を言われたりした際に、返す言葉として、相手をたしなめて、Look who's talking!（偉そうな口をきくなよ！、よくそんなことが言えるね！）と言います。ニュアンスとしては、「（自分を棚にあげて）あなたこそそうではないか！」という感じです。この言い方を使うときは、場面と相手を考えなければなりません。仲の良い仲間同士の軽い話ならばいいですが。

　やはり仲の良い仲間にしか言ってはいけない Practice what you preach.（自分の説くことを実行せよ）という表現があります。preach は「説教する、説諭する」ですが、教会とは無関係になった言い回しで、「そういうことを人に言う前に自分で実行した方がいいよ」という意味です。

　口語で使うには気を配る必要がありますが、「報いを受けるのが当然だ」という意味の決まり文句として It serves you right!（いい気味だ）があります：Losing all your money at the race track?! It serves you right for being such a fool!（競馬でお金を全部失った？　バカなことをしたのだから、いい気味だよ）。同じ意味で、*someone* had it coming（*to* ...）があります：He had it coming to him.（（バカなことをしたので）彼はいい気味だ！）。

過ぎたるは

everything but the kitchen sink は、ユーモアあふれる表現で、誰かが「何でもかんでも」一緒に持ってきたときに使います：When she goes on holiday, she packs everything but the kitchen sink.（彼女は休日にお出かけするときに、何でもかんでもスーツケースに入れて運びます）。そこから、持ち物以外の場面でも「何でも」という意味でも使います：This sauce contains everything but the kitchen

sink—tofu, tomato, bell pepper, celery, carrot, sesame …（このソースには何でも入っている―豆腐、トマト、ピーマン、セロリ、ニンジン、ごま…）。

　いろいろとやりたがる人、一度に多くのことをやり過ぎる人にアドバイスするときに使いたい表現に spread *oneself* too thin があります：You have too many things going on at once. Don't spread yourself too thin.（すべきことがあまりもたくさんあり過ぎるんじゃないの。同時に多くのことに手を出さないほうがいいよ）。

　make the most of *something* は、「最大限に活用する」ということ。例えば、You should make the most of your education.（あなたの教育体験を最大限に活用したほうがいいです）、I want to make the most of my time in Tokyo.（東京にいる時間を最大限に活用したい）などと使います。

　大して重要でないものを大げさに捉えることは、make too much of *something* と言います：You make too much of things in general.（あなたは物事を大げさに考え過ぎるよ）／ He tends to make too much of simple matters.（彼は簡単な問題を複雑に考える傾向がある）。

命賭けます！

bet という言葉は書き言葉より話し言葉で登場することが多いのですが、スラングではなく日常的に使えます。

例えば、「確信がある」ことに対して I bet … あるいは I'll bet … と言います。Judging from his accent, I'll bet he's from New York.（話し方から判断すると、彼は確実にニューヨーク出身だろう）と言ったり、空を見て、経験から I bet it'll rain tomorrow.（明日はきっと雨だよ）のように使います。また、a safe［good］bet を使っても表現できます：It's a safe bet that we'll get to Hirosaki by 2：00.（間違いなく 2 時までに弘前に着きます）。Do you want to bet?（違うと思うけど、賭けるか）は、相手の話した内容に対して、反対意見を持つときに使えます。Do you want to bet? を省略すると Wanna bet? となります。

相手の意見に同意できないとき、Don't bet on it. または I wouldn't bet on it. と言います。例えば、締め切りが目前にある場合に、"Do you think we'll finish this in time?" "I wouldn't bet on it."（「時間内に終わると思う？」「いや、当てにしないでおくよ」）と言ったりします。

相手の話に強い同意や相手の提案に「ぜひ！」と伝えたいときには You bet! と言います："Ready to eat?" "You bet!"（「お腹すいた？」「もちろんさ」）。

You can bet your bottom dollar（that）…（あなたは最後のドルを賭けてよい）は、「誰かがすることや何かが起こることが確実だ」と言いたいときに使います。これは 100％ の確率で安心して賭けることができるとの意味からきました：You can bet your bottom dollar that prices will go up.（物価は絶対に上がると思う）。

You（can）bet your life! という表現は、文字通りに命を賭けることではありません。これは動詞ですが、名詞でも My bet is（that）…（私の考えでは…）という形で使えます：My bet is that next year will be completely different.（どうも来年は全く違う年になると思う）。

即席でしゃべる

　よく考えずに質問に答えたり、意見を述べたりするときに用いられる表現に off the top of *one's* head があります。top は表面のことですから、off the top of *one's* head は「頭の中で考えたものではなく、頭の上をかすめた程度の」というニュアンスがあります。talk off the top of *one's* head は「思い付きで話す」という意味になります：I was talking off the top of my head, without checking the facts.（私は事実を確かめもせずに、思い付きで発言していた）。文脈によって、「確かなことは分からないが」という意味合いの場合もあります：I'm only talking off the top of my head, but I think we have a problem.（確かなことは分かりませんが、何か問題があるんじゃないかと思います）。

　よく似た表現に off the cuff というものがあります。これは「即席で、準備なしで」という意味です。speak off the cuff（即席でしゃべる）は、スピーチをするとき、十分な準備をせずに、シャツのカフスに簡単なメモを書いてスピーチをしたことからきています。「即席で巧みな話しぶりを発揮する人」は、a speaker with a good off-the-cuff delivery です。一方、特に政界では、people who make off-the-cuff comments（ぶっつけ本番の発言をする人）はあまり賢くないことを言ったりします。そういう人にとって、The best policy is to "let it go in one ear and out the other."（最善の策は「右の耳から左の耳に抜けること、馬耳東風である」こと）なのでしょう。

　If you don't mind（もしよければ）には 2 つの意味があります。1 つは「自分の希望を述べる場合」、もう 1 つは「相手の許可を得る場合」です。前者の例として、If you don't mind, I'd like to go with you to the museum.（できたら、一緒に博物館に行きたい）があり、後者の例としてはレストランで一緒に食事している場面で、If you don't mind, could I try a bite of your pie?（もしよろしければ、パイを一口味見していい？）。

1日のルーティーン

　日常生活の中でよく出てくる表現を見ることにしましょう。「目が覚める」の意味の wake up は日本語の「起きる」とちょっと違うような気がします。I usually wake up around 7:00.（普通は7時頃目が覚める）。英語では「ただ」目が覚めるだけで、起き上がるまでは含まれていません。「二度寝」は起きないでまた寝ることで、go back to sleep や sleep in などと言います。

　実際にベッドから「起き上がる」のは get up で、これでようやく体が動きます。get up on the wrong side of the bed という決まった表現があります。直訳すると「ベッドの反対側で起きる」ですが、意味は「（なぜだか）朝から一日中不機嫌です、虫の居所が悪い」です：I got up on the wrong side of the bed today.（僕はなんだか、一日中、虫の居所が良くないんだ）。be in a bad mood とも言います。

　first thing は「真っ先」で、起きてから「真っ先」の場合も、仕事で「真っ先」でも使います：I turn on the coffee-maker first thing in the morning.（私は起き抜けにまずコーヒーメーカーのスイッチを入れる）。ひと仕事終わったら、take a break（ひと休みする、休憩をとる）。

　夜遅くなると get ready for bed（寝る準備をする）、go to bed（ベッドに入る）、そして go to sleep（寝る）または fall asleep（寝入る）。時々心配事などで、have difficulty getting to sleep（寝付きにくい）ことがあります。

　実際、寝付きと関係なく、一般的に物事について心配することを lose (a lot of) sleep over *something* と言います：She lost a lot of sleep over losing her job.（仕事を失って、すごく心配になった）。ただ、この表現は多くの場合「心配しない」という否定形で使われます。例えば、I haven't lost sleep over that problem.（そんなことは全然気にしてない）と言ったりします。

　last thing は「寝る前の最後にすること」です：I lock the door and turn off the heat last thing.（寝る前にドアのロックをかけて、ヒーターを消します）。

これはこれは

　会話で話題を変えるときに、**by the way** がよく使われますが、メールでも仲間同士の間でも、これを **BTW** や **btw** と略して使っています。**by the way** と同じ意味で、**on another subject ...**、**on a completely different matter ...** などもあります。いきなりトピックを変えるのではなくて、「これから話題を変えますよ」と相手に合図を送る言葉です。

　ほとんど意味のない言葉ですが、相手の注意をつないでおくために使う一言 **You know, ...** があります。「ほら、あのね〜」みたいに使います：**You know, I found a great new Italian restaurant.**（あのね、すごく美味しいイタリアンレストランが見つかったよ）。**Look, ...** の場合は、**Look, I have a good idea.**（ほら、いい考えがあるよ）などと使います。そして、話が続いて、まとめに入ってきたところで、**Now, ...** を使います：**Now, we need to finish this today, so let's get it done!**（さて、今日中にこれを終わらせなければなりません、だから、やっちゃいましょう！）。

　びっくりして「まあ、おや、あら、なんと」という気持ちを伝えるのには、以下の表現が使えます：**Goodness（gracious）!**（これはこれは）／**(My) goodness!**（おやおや）／**Oh, my word!**（あら）。**Goodness gracious!**（なんだと！）の例を２つ見てみましょう。まずは怒っている場合、**Goodness gracious〔For goodness' sake〕stop arguing!**（まったく！いいかげん喧嘩をやめなさい！）と言います。ただびっくりしたときには、**My goodness, you sure bought a lot!**（おやまあ、ずいぶん買い物したね）のように使います。

後ろ髪を引かれる

　日常会話を進める中では、いくつかの「微妙な言い回し」を使わなければならないことがあります。挨拶について、確かに 12 時までは Good morning. で、午後は Good afternoon. ですが、使用頻度は高くありません。それよりも Hello, there! は状況によって「おはよう」、「こんにちは」、「こんばんは」の意味に使える便利な表現です。また、通りがかりに挨拶するときは、How's it going? です。具体的なことを聞いているのではなく、ただの挨拶です。相手の返事次第ですが、Hi! と同じで、立ち止まって話すことなく、すれ違いざまに言うだけです。

　会話が進んでいる中で、話がだんだん終わりに近づいたと思われた途端に、いきなり Good-bye! と言うのは気配りが足りません。段階を追って別れの言葉を言いたいものです。

　第一段階では、いわゆる「建前」であったとしても「自分が相手を引き留めた」という風に見せて、「私はこれ以上もうお邪魔しません」という気持ちを表現するのが Don't let me keep you.（もうお引き止めしません）で、Don't let me hold you up（any further）. も同様の言い方です。これは「そろそろ」みたいなニュアンスとなります。

　そして、It was nice to see you.（お会いできて、良かった）と言うと、相手が Same here.（こちらこそ）と言うかもしれません。

　最後に、第三段階として、Take care. または Take care of yourself.（くれぐれもお身体を大事にしてください）あるいは Don't work too hard.（働き過ぎないようにね）と言いましょう。さらに、Bye. または Bye now. と言い添えてもいいでしょう。会話において大切なポイントは、相手を早く離れてしまいたい、行ってしまいたいといった気持ちにさせないちょっとした気遣いを持つことです。

面目を保つ

make no bones about *something*（〜を骨ともしない）という表現が、どうして「〜をなんとも思わない」という意味になるのでしょうか。シチューやスープに骨が入っていると気になって食べづらいものですが、おかまいなく平然と飲み続ける人もいます。このように、骨をまったく気にしないというところから make no bones about *something* は、「〜をなんとも思わない、平気で〜する」という意味で用いるようになったのです。緊張もしない、恥も感じない、平気で発言し行動するというニュアンスです。When he was told he was going to be transferred, he made no bones about refusing. He said he would quit if they forced him to go. これは転勤させられることを嫌がって、強い意志を持ってはっきり断り、「強制的に転勤させるなら辞めます」と言った場面です。

西洋人は中国語の「面子、面目を失う」という言葉に出会い、これが英語に入って、lose face という表現が誕生しました。以来、19 世紀の後半から英語でもよく用いられるようになりました。face はもちろん「世間に対する顔、面目」のことです：He doesn't want to lose face if his proposal is rejected.（会議で自分の提案が相手にされずにバカにされるのは嫌だと思ってる）。逆に「面子を保つ」は save face です。これは、軽視されないで、他の人の尊敬を失わないことです：We reached a compromise that saved face for both sides.（妥協して、双方の面子を保った）。

advantage は「利点、長所」ですが、take advantage of *something* は「好機に乗る」の意味です：I took advantage of the long vacation and went to Hawaii.（長期休暇を利用して、ハワイに行った）。このような使い方は問題ないですが、「人の弱みにつけ込む」という意味にもなるので、コンテクストを把握しなければなりません：He often takes advantage of other people.（彼はよく人につけ込みます）。

光陰矢の如し

　日常会話では、時間に関する表現が必要となることがよくあります。会話の途中で相手にちょっと待ってもらいたい場合に使う表現は立場や相手との関係によります。電話なら、お客様に対しては One moment, please. と言って、担当者に電話をつなぎます。しかし、同じ課の同僚、あるいは友達に、待って欲しいときには、Just a sec. と言います。Just a second, please. を省略したものです。また、Hang on a sec. と言いますが、これは「そのまま待ってちょうだい」ということ。

　待ってくれと言っても、急いでなければ、相手はおそらく Take your time.（どうぞごゆっくり、慌てることはないよ）みたいに軽く答えてくれます。take your time は別な場面にも使えます：I'm sorry to take your time.（お忙しいところ恐縮です）／ I'm sorry for taking so much of your time today.（今日はすっかりお邪魔してしまいました）。

　「遅れても、しないよりはまし」は Better late than never. です。この表現は古代ギリシャの作家たちが使っており、英語でもいろんなバリエーションがあります。Better late than never, but better never late.（遅れても来ないよりまし。しかし、遅れないに越したことはない）がその1つ。また、It took me six years to graduate from university, but 'better late than never,' as they say."（大学を卒業するのに6年もかかってしまった、しかしことわざにあるように、遅れてもしないよりはましだ）のように使います。

　時間をかけるのは spend a lot of time *doing something*、spend a lot of time *on something* で、多くの時間を費やしてしまった場合は、He spent a lot of time fixing his motorcycle.（オートバイを修理するのに大分時間がかかってしまった）、I spent a lot of time translating Japanese into English.（日本語からの英訳に多くの時間を費やした）などと言います。何に時間がかかったかの内容を言わなくても使えます：She spends a lot of time in the library.（彼女は図書館で長い時間を過ごします）。

　余談ですが、Let me get back to you.（（あの件については）後で連絡させてください）は、時間をもらうため、時間稼ぎの際に使います。

じっとしていて！

　ポーカーゲームで、配られたカードを変えずに、そのままにすることを sit tight と言います。手持ちのカードのままでいることです。不思議なことに stand pat も同じ意味になります。ゲームテーブルから離れて、sit tight はいろんな意味を持つようになりました。使用頻度の高いものでは、「動かないで、そのままでいる」の意味になります。例として、誰かがコーヒーをもう一杯と席を立とうとしたとき「そのままで、私が取って来てあげるよ」と言いたければ、Sit tight. I'll get it for you. となります。Sit tight. I'll be right back. は「ちょっと離れるけど、すぐ戻るよ」という意味です。比喩的に使うと「決意・方針・信念を変えない」ということになります：The government will sit tight and see how other countries react.（政府は方針を変えずに、他の国々がどう動くかを見守ることにする）。同じ意味で、The government will stand pat ... とも言います。

　状態・状況を説明する sit の表現としては be sitting pretty があり、「状況は良好だ、煩いがない」という意味です：With so much time to spare, we're sitting pretty.（余った時間がたくさんあるので気楽にかまえている）。これは時間に関してのほか、特に経済状態に対して使います：We've paid off the mortgage on our house, so we're sitting pretty now.（住宅ローンを全部支払い終わって、経済的には安泰です）。

　ある問題について、形勢を展望するだけで、どちら側にも賛成も反対もしないというのは、sit on the fence で「フェンスの上に乗っている、どちら側にも立たない、洞が峠を決め込んでいる」こと：He always sits on the fence in discussions.（彼はディスカッションの場で、いつもどちら側にも賛成しない）。

　愛犬に Sit!（おすわり！）と命令することの影響からか、人に対しては、単なる Sit down. あるいは Please sit down. より、Please have a seat. や Come in and sit down. と言う方が、気配りのある人だと思われるようです。

風の噂に聞く

例えば、友達のアパートを訪問して、入るととんでもない状況になっている。服が全部タンスから出され、棚の鍋、お皿、食料品が散らばって、どうしたのかと思うが、友達が Don't ask. と言ったら、「どうしてこうなったのか」は聞かれても本人は説明したくない、あるいは信じてもらえないので「聞かないでくれ」というニュアンス。

よく使われる Don't ask me.（そんなこと知らないよ）という表現に付け足して、Don't ask me. I just work here.（そんなこと知らないね、ただここで働いているだけだから）と言うことがあります。これは、無責任ということではなく、ただ言われるままにしている（実は私もその目的は把握してない）という意味が込められています。

他のツル植物と同じく、grapevine（ブドウのツル）はあちこちに伸びていくので、そこから情報がいろんな所に伝わっていく意味となりました。「噂で聞く」は、hear (*something*) through the grapevine で、「転職するんだって？」「どうしてそれがわかったの」「風の噂に聞いた」というときは I heard it through the grapevine. と言います。

「人づての情報、又聞きニュース」は、secondhand information ですが、使用頻度は多くありません。また「噂、風聞」のもう1つの英単語は hearsay で、That's mere hearsay.（それは風聞にすぎない）のように使います。

それがどうした

Guess what! は、「あのねえ」という、ただ相手の注目を引こうとして会話を切り出す言葉です。Guess what. と言われたら、What?（何？）と返事します。Know what? も同じで「ねえ、知ってる？」で、それにも同様に返事します。一方 No, what?（なになに）には意味がなくて、ただ聞く姿勢を見せるための言葉です。

言葉の使い方1つで、大変な結果をもたらす場合があります。相手に、What's the problem? と尋ねると、「どうした？」と相手が何で困っているのかを聞くことになりますが、your を強調して、What's *your* problem? と尋ねると、「どうかしたのか、なんでイライラしているの？」と相手を責めているニュアンスになります。似ているのは What's wrong? で「どうしたの」と尋ねる意味ですが、What's wrong with you? となると「どうしてそんな態度をとっている？、君は頭がどうかしたのか」という意味となります。

It doesn't matter. には2つの意味があります。1つは自分は怒っていない、気にしてない、「まったく問題ない」ということ。もう1つは選択肢の中でどれがいいかと聞かれた場合：“Red wine or white wine?” “It doesn't matter.”（「ワインは赤にする、白にする？」「どちらでも」）。

So what? または So? にもニュアンスが2つあります。1つ目は簡単に「それで？」、補足説明が聞きたい場合です。しかし、イントネーションによって、「だからどうだっていうんだ」と相手の主張を軽視して受け流す言葉として使われます。Who cares? は、「誰がかまうものか、誰も構わない」という意味です：My coat is rather old, but who cares?（このコートは結構古いんだけど、別に構うものか）。

hell は強調するために使われることがあり、仲間同士で使う口語として、What the hell?（一体なんだ！）、To hell with that!（知ったことか、勝手にしやがれ）、Who the hell ...?（いったい誰が…）などがあります。

どういうつもりなの

Do you see［know］what I mean? は、相手に「私が言いたいことが分かる」かどうかを確認する口語表現として使います。相手は、分かるならば、I see what you mean. と答えます。自分が言った言葉について「真剣だよ」と伝えたいなら、I mean it. を加え、I'm not kidding. I mean it!（冗談じゃないんだ）などと言います。

Honestly, I don't like his attitude.（まったく彼の態度は気に入らない）と言う場合、honestly は「正直に」よりは「はっきり言って、あからさまに」といったニュアンスです。frankly も同じ意味で使えます。

考えた上で「故意に、わざと」するのは on purpose です。He came on purpose to see you.（彼はわざわざ君に会いに来たのだ）。ここには何も「裏」のニュアンスはありませんが、accidentally on purpose という言い方は「偶然を装って（実は故意に）」には、裏があります。例えば、コーヒーを一緒に飲みに行くことにして、He forgot his wallet accidentally on purpose.（彼は偶然を装って財布を忘れた）などは、おごってもらうことを期待したということですね。

lay *something* on the line は「率直に言う」で、Until now I've tried to be understanding, but now I'm going to lay it on the line. You're not doing your job well.（今まで、分かってあげようとしましたが、もう率直に言います。あなたは仕事をきちんとやっていません）などと使います。

draw the line（at *something*）（（何かについて）一線を画す）は、「ある時点までは許すが、それ以上は許さない」ということです：I don't mind working late occasionally, but I draw the line at working late every single day.（時々残業するのは問題ありませんが、毎日するのはごめんです）。

「念のために言いますが」は、（just）for the record で、そのニュアンスは「覚えておいてもらいたい」です：Just for the record, I'm against the proposal.（はっきり言って、私はその提案に反対です）。これは、とりあえずは自分の立場を知ってもらいたいが、もし他のメンバーが賛成するならば、私も一緒にやることにします、といった感じです。

気楽にいこうよ

take は「人やものを連れて移動する」意味が基本ですが、表現によって他の意味も持ちます。take it easy には基本的に 2 つの意味があります。まずは「無理しないで、気楽にして」という優しい思いやりの言葉。別れるときに言う Take it easy!（じゃあ、またね）も同様な意味のカジュアルな表現です。一方、相手があわてていたり、興奮しているときには、「いらいらするな、落ち着いてよ」というニュアンスで使います。

いくつかの選択肢がある場合、Take your pick. と言うと「好きなのを選んでいいよ」という意味になります。

物事を「真面目に受け取る」は take *something* seriously です。例として、I didn't think my suggestion would be taken seriously.（自分の提案がまともに受け取られるとは思っていませんでした）、Helen is an expert in the field so I take what she says seriously.（ヘレンはその分野では専門家ですから、彼女の言うことを本気で受け取ります）などがあります。

take on ～ にはいろいろな使い方があります。1 つは hire と同じで、We're taking on 15 new staff members this year.（今年 15 人の新しい社員を採ることにしています）という場合。そして、「責任を受ける」という意味で、Don't take on too much work.（あまり多くの仕事を受けないように）などと使います。努力、お金、時間などに関わる表現で「どのくらい必要なのか」を言いたい場合は、It takes a lot of effort to communicate in a foreign language.（外国語でコミュニケーションを取るのは結構努力が必要です）となります。

チャラにしよう

　すぐ頭に浮かぶ call の意味は「呼ぶ、呼び出す」ですが、さまざまな使い方があります。

　特にアメリカ英語では人に電話する場合は、call (*someone*) up を使います。相手が不在でメッセージを残すと、相手から call (*someone*) back してくれます。

　また、あるグループが公的な場で「アクションを要求する」のは call for *something* です。例えば、Greta and her supporters regularly call for policies to prevent global warming and environmental destruction.（グレタとその支援者は地球温暖化や環境破壊への対応を呼びかけている）。

　call off は cancel のことで、We called off our beach picnic due to the bad weather.（天気が悪かったので、ビーチでのピックニックを中止にした）などと使います。人をある名で呼ぶことは、call *someone something* です：My first name is James, but I prefer to be called Jim.（ファーストネームはジェームスですが、ジムと呼んでもらいたいです）。ただし call *someone* names は「口汚く罵り合う、侮辱的な名前で呼ぶ」という意味になります。

　Let's call it a draw. は、何かの競争でどちらも勝てる見込みがなく「引き分けとしましょう」ということ。Let's call it even. はやってあげたこととやってくれたことが大体同じで、もうこれ以上やってもらわなくていい、「チャラにしよう、もう貸し借りなし」という意味になります。

　be on call というのは特に医者、技術者が呼び出されたらすぐ対応できる状態にあることです：Doctors are on call 24 hours a day, seven days a week.（医師は 24 時間 365 日態勢で待機しています）。何かの試合でレフェリーがまずい判定をした場合は、He made a bad call. と言います。しかし、good call の場合もあります。そこから、一般的な場面でも Good call!（よくやった！）のように使います。

新規まき直し

　turn down の使い方として、Turn down the radio.（ラジオの音を低くしてちょうだい）がありますが、turn down *something/someone* は「断る」という意味になります：We never turn down an invitation to parties.（我々はパーティーの招待を断ることは決してない）。ちなみに、give a thumbs up をよく「OK サインを見せる」として使いますが、逆の thumbs down は断るになります。I turned thumbs down to that request.（私はその依頼に応じなかった）のように言います。

　仕事などの責任を別の人に渡すのは turn over responsibilities です。例えば、He turned over his responsibilities to John.（彼の職責をジョンに引き継いだ）と言います。

　自分の行動、考え方、生き方を一新して、よりいい人間になることは turn over a new leaf です：He repented and completely turned over a new leaf.（彼は反省し、それまでの行いをすっかり改めた）。

　turn the tables (*on someone*) は、ある状況が完全に変わって別の方が有利になる、「立場を逆にする、形勢が逆転した」という意味になります：We turned the tables in the second half and won. と「後半にうっちゃりを食わして勝利しました）/ The tables were turned.（形勢が逆転した）。

　「どう問題を解決［理解］しようかとずっと考えた」という場合は、turn *something* over in your mind を使って He turned the idea over in his mind time and time again before acting on it.（彼は実行に移す前に何度もその考えを検討した）と言います。

　ことわざの One good turn deserves another. は「恩に報いるに恩を持ってする」です。さらに、do *someone* a good turn は「人に役に立つことをする」で、She helped me, and I'd like to do her a good turn back.（彼女は私を助けてくれたので、お返しに彼女のためになることをしてあげたい）のように使います。

好きなように過ごす

　How are you doing? はもちろん「やる」とは関係なく、気軽な挨拶「こんにちは、元気？」ですが、do は他にもいろんな表現に使います。

　「行動する」という意味で do as someone pleases は「好きなように時間を過ごす」ことで、After university classes are over, students are free to do as they please.（大学の授業が終わったら、学生は好きなように行動できる）などと使います。怒りの表現にも do は登場します。That'll do! は、ときに子供に向けて言う「いいからもうよせ」ということ。

　Nothing doing! は何かの依頼、頼みを断るときに使います："Could you loan me $50?" "Nothing doing!"（「ねえ、50 ドル貸してくれない？」「お断りだ」）。could do with something は「何かが必要だ、欲しい」で、I could do with a good night's rest.（一晩ゆっくり寝られたら文句ないね）のように使います。また、「何か飲み物はどうですか？」と聞かれたら、I could do with a cup of coffee now.（コーヒーを 1 杯いただけたらありがたい）と答えます。

　「何かを処分する」あるいは「使うのを止める」は、do away with something です：I'm trying to do away with all of the old, unnecessary files.（古い、必要のないファイルを処分しようとしています）／Let's do away with all ceremonies.（儀式ばったことはやめましょう）。

　アメリカ英語で do something over / do over something は「やり直す」で、If we make too many mistakes, we'll have to do it over.（あんまり間違うと、またゼロからやり直さなければなりません）などと使います。また、部屋や家を「リフォームしてより魅力的にする」という意味もあります：If we do over our apartment, we can enjoy inviting friends over.（部屋を綺麗にリフォームすれば、友達を呼んで楽しめるよ）。

　Don't overdo something. の overdo は何かを「やり過ぎる」という意味です。この表現には警戒の意味と応援のニュアンスがあります：It's okay to drink, but don't overdo it.（お酒を飲むのもいいが、程度問題です）／Don't overdo it.（そんなに無茶に頑張らなくてもいいよ）。

誰かにあげる

　give は、「あげる」という意味合いが多いかもしれませんが、より詳しい意味は表現によって異なってきます。

　give *something* away のニュアンスは、自分がいらない、欲しくないから「誰かにあげる」：I gave most of my books away before I moved to Boston, because I didn't have space in my new place.（ボストンに引っ越す前に、多くの本を人にあげた。新しい住まいにはスペースがなかったから）。

　体のどこかが弱くなったら、give out が使えます：Just as I reached the village, my legs gave out.（ちょうど村に着いたところ、足が動かなくなった）。また、「なくなる」という意味では、The water supply finally gave out.（給水がついに尽きてしまった）などと使います。

　最初は反対していたが、納得したか、強制的にさせられたかで「諦めた」場合、give in（to *someone/something*）を使います：I didn't want to move to Los Angeles, but the company put pressure on me and I gave in.（ロサンゼルスに引っ越したくはなかったが、会社から圧力かけられて、つい諦めてしまった）。

　「よく考えたり、心配したりしない」は、not give *something* a second thought［another thought］と言います：His email didn't seem important, so I didn't give it a second thought.（彼のメールは重大そうではなかったので、別に心配することはなかった）。

　give it a go あるいは have a go at は、「何かを試してみる」という意味です："I can't open this drawer." "Here, let me give it a go."（「この引き出しは開かない」「試してみるよ」）／ While we're in Mashiko, everyone can have a go at making pottery.（益子にいる間、皆さんは自分で焼き物を作ってみることができます）。

会うとき別れるとき

　hello には、昔の渡船業者や渡り守が交わす呼びかけ、あるいは狩猟で猟犬を呼ぶ言葉などさまざまな由来の説があります。hallo またはholla という言葉もありました。holla は 16 世紀フランス語の *hola*「ho！＋ *la*（there）」からで、英語でも hallo there!（やあ！、おい！）と呼びかけるようになったという説があります。特にアメリカ南部、西部ではHowdy もよく使います。おそらく how do ye［you］（how d' ye）からきたと思われます。ちなみにハワイの pidgin English（ピジンイングリッシュ）での挨拶は Howzit です。おそらく How is it? からきたのでしょう。

　ある日本の本には、How do you do? は「古くて、もう使っていない」と書いてありますが、そんなことはありません。ただし、ワンパターンに、オウム返しに使うのは心がこもっていないとは言えます。日本語では「はじめまして」と言われて「はじめまして」と返すのはおかしくないでしょうが、英語では How do you do? の返事として、別の表現を用いれば、より暖かく感じます。例えば、It's a pleasure to meet you. や It's very nice meeting you. です。ポイントは、そっくり同じ言葉を返さないことです。

　最後に、英語の別れの言葉の由来を紹介します。「神様が旅の間あなたを守ってくれますように」という意味の God-be-with-you がどんどん省略され、変化して、Good-bye となりました。そして今では、大切なところが消えて Bye! だけが残った言い方になってしまいました。

お先にどうぞ

　店などの出入り口で相手に先に行ってもらう「どうぞ、お先に」は After you. と言います。日本人はとかく Please と言いたがりますが、After you, sir. / After you, ma'am. / Please go ahead. などと言う方が自然です。

　会話が長引いて、相手が Could I have another cup of coffee?（もう一杯コーヒーをいただいてもいいですか）と聞かれたら、Be my guest!（どうぞ）と答えましょう。

　I'm afraid には「私は怖いです」という意味もありますが、「残念ながら…」のように、期待通りにはならないと言わなければならない場合に前置きとして使います。このフレーズだけで相手は、後に来る言葉がだいたい予測できるのです。例えば、同僚に Are you busy now?（今、忙しい？）と聞かれて、I'm afraid so. と答えれば「（残念ですが）そうなんだ」という意味です。否定的な言い方では、例えば、Is this a good time to talk?（ちょっとお話しできますか？）に対しての I'm afraid not. は、「今はちょっと…」となります。

　普通の場面では No, thank you. はそのままの意味で「いいえ、必要ありません」となりますが、全く興味ないものに対して、No, thank you! と言うと「結構です、まったく興味がないから」ということになります。

　頼まれたもの、注文されたものを手渡すときには、Here you go!（はいどうぞ）と言います。「どうぞ」のつもりで Please. を使うことはありません。

　相手と同じ気持ちの場合は、Same here. と言います："I'm tired of waiting for Alan." "Same here."（「アランを待つのはうんざりだ」「同感です」）。

　Merry Christmas to you! と言われて、Same to you! と返すのは心のこもった言い方とはなりません。Merry Christmas to you, too. と変えるか、スマイルといっしょに The same to you! と言いましょう。大切なのは気持ちを込めることと、ちょっと違う言い方をすることなのです。

7

HISTORY & GEOGRAPHY

{ 歴史・地理 }

さっぱり分からない！

　比較できないものについては、It's like comparing apples and oranges.（それは比べられないよ）と言います。Is there a difference between San Francisco and Los Angeles?（サンフランシスコとロサンゼルスは違いますか）と聞かれたとき、「いやあ、比較できないよ」と答えるときの表現です。この2つの大都会の人口、歴史、産業、政治概念、全部違うので、比較するのは無理。この場合は、「あまりにも違っていて、何を比べればいいのか分かりません」といったニュアンスで、この表現は必ず apples and oranges の語順です。

　can't make heads or tails（out of *something*）は、「（言っていることが）さっぱり分からない」という意味です。例えば、相手の言葉が全く分からない場合、I can't make heads or tails out of what he's saying.（彼の言っていることはさっぱり分からない）と言ったり、専門知識を持っている人以外理解することが難しいパソコンのマニュアルについては、I can't make heads or tails out of these instructions. と言ったりします。

　double standard（二重規範、ダブルスタンダード）は、対象によって異なる価値基準を使い分けることで、Black Lives Matter 運動が主張したのは、There's a double standard that has taken root in the form of discrimination based on race.（（アメリカには）人種偏見に根ざしたダブル・スタンダードが存在し続けている）ということでした。

　いくつかの選択肢、可能性などから、「1つのことに注目する、照準を合わせる」のは、zero in on *something* と言います：We've zeroed in on a laptop which handles graphics really well.（グラフィック処理に長けているパソコンに狙いを絞っている）/ She checked out all of the one-piece dresses and zeroed in on a dark green cotton one.（ワンピースをひと通りみんな見たけど、濃い緑のコットンのものに絞ったわ）。

アメリカの地図①

　アメリカの州や街の名前が会話に登場した場合、それがどこかが分かればそれで済みますが、州と州を跨いだ「地域」の名称の意味が分からないと会話の流れを理解できないので、いくつかをここで紹介します。

　まず、**the Bible Belt**、直訳すると「聖書地帯」。これは聖書の記述を文字通りに信じる福音主義、キリスト教根本主義の地域です。特にアメリカ南部を指していますが、それ以外の保守的なキリスト教が支配的な地域のことも指すので注意が必要です。

　面白いのは **the borscht belt**（ボルシチベルト）で、ニューヨーク州 **Catskill**（キャッツキル）山脈にあるロシア系とユダヤ系の人々の避暑地にあるホテル群のこと。そこのホテルに出演したコメディアンからのちに全国的に有名になったスターが多く出ました。

　2人の測量専門家チャールズ・メイソン（**Charles Mason**）とジェレミア・ディクソン（**Jeremiah Dixon**）が、1763年から1767年の間に **Pennsylvania**（ペンシルベニア）と **Maryland**（メリーランド）両植民地の境界争いを解決するため、現地調査をして地図にかいた結果が **the Mason and Dixon line** として知られるようなりました。さらにそれが奴隷制度廃止前は、「自由州」と「奴隷州」の境界線と見なされました。今日でも象徴的な意味を持つ「南部」と「北部」の境界のことです。

　ちなみに、この境界線は朝食の違いにも表れているといわれます。その線より北は **hash brown potatoes**（ハッシュドブラウンポテト）が主流ですが、それより南なら **grits**（ひき割りトウモロコシ）が朝食に多く出ます。

　北米に初めて入ったヨーロッパ人は、スペイン人（南西部）、フランス人（北東）、イギリス人（大西洋東海岸部）ですが、アメリカ人の感覚では東海岸がいわゆる「出発点」となります。そこから各方角には決まった言い方があります。それらは **out west**（西部へ）、**down south**（南部へ）、「南から北部へ」は **up north**。西部、中西部から「出発点」の「東部へ」は **back east** となり、今でもこれらの言い方を耳にします。

アメリカの地図②

　気候を示す the Snow Belt（スノーベルト）は、大西洋岸からロッキー山脈北部に至る地域で、冬に雪がよく降る地域ですが、重工業が盛んで産業の中心地だったので、大規模な工場が多い地帯でした。しかし、今日そういった旧式の産業が減って、海外や南部に工場が移転することによって、ピッツバーグを中心に北東部から中西部までの工場設備が錆びて使われなくなったことからこの地域は the Rust Belt（ラストベルト（錆びた地帯））と呼ばれるようになりました。

　最新機能を持つ工場は気候がよく、生活がしやすく、税金の安い南の州に移動しました。東はノースカロライナから西は南カリフォルニアまでを、天候がいいことから the Sun Belt（サンベルト）と言います。

　the Cotton Belt（コットンベルト）は南部の綿花生産地帯で、アラバマ州、ジョージア州、ミシシッピ州を指し、the Wheat Belt（小麦地帯）は大雑把に中西部を指します。また、the Corn Belt（コーンベルト）は中部のアイオワ州、イリノイ州、インディアナ州とネブラスカ州のことです。

　アメリカの政治の中心は Washington, D.C.（ワシントン D.C.）ですが、その District of Columbia は特別区でどこの州にも属しません。

　ワシントン D.C. には、他の大都会と同じく、街の周りを囲むように高速道路があります。他の都会では一般的に a beltway（環状道路）と言います。一方、D.C. の周囲を回る高速道路は、頭文字を大文字にして、the Beltway です。その中にある大統領府、国会などの「連邦政府」を inside the Beltway と言って「特権階級」や「権力」を意味します。beyond the Beltway とは、「普通の国民」のことを指します。

話を丸呑みにする

19世紀アメリカ生まれの表現で、fall for *something* hook, line, and sinker（まんまと引っ掛かる）の由来は想像しやすいかもしれません。釣りをするときに必要なのは釣竿（fishing rod）、釣り針（hook）、そして餌（bait）。さらに釣り糸（line）と餌が流されないように錘（sinker）を付けます。魚は通常は餌と針（bait and hook）だけを飲み込んで釣り上げられます。しかし、hook, line and sinker と糸と錘まで全部飲み込むことが比喩的に「信じ難い話を完全に信じ込む」という意味になりました。He swallowed her story, hook, line, and sinker.（彼女の（うその）話をすっかり鵜呑みにした）などと使います。

もう1つ不思議な表現で今も使われているものに by hook or by crook があります。古代イングランドでは、貴族の所要する土地の森林から農民（小作人）が枯れた枝を拾う権利を持ち、それで料理を作ったり、冬に暖を取りました。木自体を切り倒すことは禁止でしたが、フック（hook）類の道具や羊飼いの片端の曲がった（crook の部分）杖を使って引っぱって取ることは許されていました。そこから by hook or by crook は「なんとかして、いかなる手段を使っても」の意味になりました：By hook or by crook, the police will catch the thief.（どんな手段を使ってでも、警察はその泥棒を捕まえます）。

ライフルなどの小火器からきた表現に lock, stock, and barrel があります。lock は撃つメカニズム（firing mechanism）、stock は木材のハンドルの部分、そして barrel は弾が通る金属の部分で、この3点セットが小火器の「全て」になります。そういう意味から比喩的に「全部」の意味で使われます：At the end of his career, Dad sold his company lock, stock, and barrel.（引退したとき、オヤジは自分の会社の一切合財を売り払いました）。

話し合いが「堂々巡り」で結論が出ないとき、go around in circles あるいは get nowhere と言います。野球の MLB でオーナーと選手組合の交渉の場合、「平行線をたどった」は、Negotiations between owners and the players union got nowhere. のように言います。

糸口をたどる

　英語を母国語とする人でも由来が分からない表現に I haven't a clue.（見当がつかない）があります。clue はもともと「糸玉」の clew からきました。「解決の糸口、手がかり」の意味で用いられるようになった理由は、古代ギリシャの英雄テセウスの物語に遡ります。テセウスは、クレタ島の迷宮に住む人身牛頭のミノタウルスを退治するのですが、最大の難関は、迷宮からどうやって帰るかでした。その知恵を与えてくれたのが、乙女アリアドネ。彼女はテセウスに糸玉（clew）を与えました。糸の一端を入り口に結びつけて糸玉をほどきながら迷宮に入っていったテセウスは、ミノタウロスをやっつけた後、ほどいた糸をたどりながら無事に迷宮から帰還したのです。

　この話から、clue が「手がかり、解決の糸口」の意味を持つようになったのです。I haven't a clue. を使った例文には、I haven't a clue as to where he went.（彼がどこに行ったか何もわかりません）、Most people don't have a clue what nanoplastics are.（世間一般の人は、ナノプラスチックとはなんなのかまったく分からない）などがあります。糸口を見出した場合は、The police have a clue.（警察は手がかりを握っている）と言います。

　be up in the air（宙ぶらりんである）という表現の由来は、ある説によると、手品師が数個のボールを空中に投げ上げることからきているのだそうです。ボールがいくつも宙に浮いている（be up in the air）というところから「決まっていない」という意味を持つようになったとされています。他に雲や鳥などが空に漂っている姿を表現したものだという説もあります。いずれにしても、その姿が定まらず摑みにくいところから、このような意味になったものです。計画や提案などがちゃんと検討されず、宙に浮いたままのときによく用いられます：My vacation plans are still up in the air.（休日の計画はまだ決まってない）／ The contract is still up in the air.（その契約は未締結のままです）。

ちんぷんかんぷん

あることが自分にはまったく理解できないときにしばしば使われる表現は、It's (all) Greek to me.（ちんぷんかんぷんだ！）です。シェイクスピアの『ジュリアス・シーザー』1幕2場にこの表現があります。

劇中でローマの政治家キケロがギリシャ語で演説をするのですが、登場人物のカスカはギリシャ語がわかりません。どんな内容だったかと問われ、彼が答えたのがこの It was Greek to me. です。直訳すれば「わたくしにはギリシャ語だった」ですが、要するに「さっぱり分からなかった」と言いたかったのです。The wording in this long contract is Greek to me.（この長い契約書の説明は、私にはまったくちんぷんかんぷんだ）などと使います。

「全然分からない、どういう意味かまるで見当がつかない」は、別の言い方で、I haven't got the foggiest idea what she means.（彼女が何を言っているのかさっぱり分からない）のように言います。これらは口語で、文章にすれば、I'm afraid that I don't understand. などですが、口語の選択肢も多く身につけたいものです。

普通のイントネーションの I don't know. は「私は分かりません」ですが、表情で疑問を示して、ゆっくりと、イントネーションをちょっと上げてから know で下がるように言うと I don't know.（それはどうでしょうかね？）という意味になります。続けて、I wouldn't be too sure about that.（それはちょっとどうかな）あるいは Don't be too sure.（そう思うのは早計だよ）などと加えます。

コツコツ働く

　農耕に馬や牛を使っていた時代、農場での plow（鋤で畑を耕す）という仕事は大変でした。そこから plow ahead は転じて、「苦労して進む、骨折って仕事を進める」という意味になりました。plow through a pile of reports なら「山のような報告書にコツコツと目を通す」という意味です。

　鍛冶屋は、鉄の棒を何本も炉に入れ、同時にいろいろなものを作ろうとします。このことを表現したのが have several［many］irons in the fire で、転じて「一度にいろいろやる」という意味になりました。事業や仕事を「手広くやっている」と言いたい場合に用いられます：He has a lot of irons in the fire and things are going well.（彼はいろいろな事業に手を出しているが、全部上手くいっている）。

　ところが、一度にたくさん炉に入れ過ぎると、かえって仕事がはかどりません。そのような状態を表すのに、too を用いて have too many irons in the fire と言い、「一度に抱えこみ過ぎて処理できない」ことを意味します：He has too many irons in the fire, and can't take a holiday.（彼はなんでもかんでも抱え込むから、休みが全然取れないんだよ）。

　産業革命初期の頃、職人たちが工場に雇われる場合、道具は自前で用意するのが普通でした。彼らは道具を袋（sack）に入れ、雇われている間は仕事場に置き、契約が終わればその袋を担いで去っていく訳です。そこで、get the sack（袋を手にする）が、職場を去ること、つまり「首になる」ことを意味するようになりました。sack を動詞に用いて be sacked、get sacked とも言います：Allen got the sack for being late to work on a regular basis.（アレンは日常的に出社時間に遅れたので、首にされた）／ The firm sacked a dozen workers during the recession.（不景気の中、会社は 12 人を首にした）。

滑り込みセーフ

　昔は板きれに V 型の刻みを付けて数を記録しました。その V 型の刻みを nick といい、nick の 1 つ 1 つがゲームの得点、金額、時間、日付などを意味しました。

　この nick を用いた「ギリギリに間に合って」という表現は、サッカーに由来します。サッカーのタイムアップ寸前に入れたゴールを、in the nick in time（区切りの時間に間に合って）と言いました。これが次第に in the nick of time「最後の瞬間に（at the last minute）、ぎりぎり間に合った（just in time）、間一髪で」などの一般的な意味に用いられるようになりました。日本語の「滑り込みセーフ」という言い方にぴったりなのが just in the nick of time です。例えば、電車事故で遅れそうだったが「なんとか会議に滑り込みセーフだった」は、I got to the meeting just in the nick of time. と言います。

　誰も「歯」に「皮膚」があるとは思わないので、by the skin of *one's* teeth は分かりにくい表現ですが、その意味は「間一髪で」です。由来は旧約聖書の「ヨブ記」19 章 20 節。「（ヨブは）辛うじて逃げられた」という意味で、I have escaped by the skin of my teeth と書いてあります。この言い方が英語に入り、She escaped an accident by the skin of her teeth.（彼女は事故から辛うじて逃れることができた）などと使います。また、「ある危険」から逃れただけではなく、「締め切りに間に合った」、「紙一重で落第を免れた」などの場合にも使えます。例えば、I caught my train by the skin of my teeth.（辛うじて列車に間に合った）といった具合です。

時の流れのままに

Time flies like an arrow. を英語のことわざだと思っている人がいるようですが、実はこれは中国のことわざを英訳したものです。英語では「時」が矢に喩えられることはありません。Time has wings. や Time flies. など羽のある動物に例えられます。Time flies はラテン語の *Tempus fugit* というローマ時代のことわざからきたものです。意味は説明するまでもなく、時間があっという間に過ぎ去っていくということです。Time flies when you're having fun.（楽しいとあっという間に時間が過ぎる）などと使いますが、時間が過ぎる速さに驚いているのであれば、How time flies! と言うこともあります。

deadline は、アメリカ南北戦争（1861–1865）時代、アンダーソンビルにあった南軍の捕虜収容所で生まれた言葉です。ここの待遇は最悪で、多くの捕虜が脱走を企てました。そこで脱走を防ぐために、キャンプを取り巻く塀の内側5メートルのところに線を引き、その線を超えて塀に近づいたら、その場で射殺するということにしたのです。この「超えてはいけない線」のことを deadline（死線）と言ったのです。

それが、時間の「超えてはいけない線」へと意味が転じて「締め切り、期限」の意味になり、間に合えば meet a deadline、間に合わなければ miss a deadline と言うようになりました：I'm doing my best to meet the deadline, but it'll be close.（締め切りに間に合うように一生懸命やっていますが、ギリギリになるかも）。

時間に関しては、I tried to finish the exam, but I ran out of time.（試験を終わらせようと思ったが、時間がなくなった）という表現もあります。put in *something* / put *something* in は「入れる」という意味で、Let's put in a new machine.（新しい機械を導入しましょう）のように使いますが、時間・エネルギー・練習なども投入されます：We put in months of hard work to make the exhibition a success.（展示会を成功させるため、何ヶ月も努力しました）。

164

ちりも積もれば

a drop in the bucket は直訳すると「桶の一滴」ですが、日本語の「大海の一滴」と同じです。実際、英語でも bucket の代わりに ocean を用いて、a drop in the ocean と言ったりもします。「焼け石に水」のように全体から見ればなんら影響のないわずかなもの、という意味です。この表現は、14 世紀のジョン・ウイクリフ（John Wycliffe）による旧約聖書の英語訳の「イザヤ書」40 章 15 節に見られ、そこでは the nations are as a drop of a bucket（諸々の民は桶のひとしずくのようなもの）と記されています。神の力に比べれば、世界の国々、人々がいかに小さな存在であるかを言い表したものです。それ以来、「他になんら影響を及ぼさないわずかなもの」という意味に使われています：What I spend on ice cream is just a drop in the bucket in our household expenses.（家計の出費からするとアイスクリームに使うお金なんて取るに足らない額だ）。

イギリス英語で every little と言うところで、アメリカ英語では every bit を使うのが主流です。いくつかの例を見ると、Every bit counts.（どんなにわずかでも無駄にはできない）また、特に「援助、お手伝い」に対して Every bit of help counts.（どんな援助でもありがたい）のように使います。

Every little bit helps. はことわざとして、「ちりも積もれば山となる」、「小さなものが 1 つ 1 つ役に立つ」などの意味で用いられます。友達とのやり取りでは、I won't be able to help too much when you move.（引越しでは、それほどの手伝いにはなれませんよ）の返事として Every little bit helps.（少しでも助かりますよ）と言います。

bit 関連では bit by bit は「少しずつ」の他に「だんだん、徐々に」という意味もあります：I'm learning the ropes, bit by bit.（少しずつ、やり方を覚えている）。little by little も同じ意味で使います：The water in the river rose little by little.（川の水位が徐々に上がってきた）。

色のニュアンス

　かつてキリスト教会の印刷したカレンダーでは、特別な日、特に聖人の日を目立つように赤インクで印刷しました。その習慣が「休日、記念日」を示す意味に変わってきました。それらを red-letter day（祭日、記念日、祝日）と言います。個人にとっての red-letter day は、「記念すべき日」または「すごくうれしいことがあった日」の意味もあります：The day I got my first paycheck was a red-letter day for me.（私の最初の給料日は記念すべきに日なった）。

　green light は交通信号では「進んでいい」ことを示しています。そこから比喩的に、企画などを「認めて進めてもいい」という意味になりました：The city government has given the green light to the construction project.（市当局はその工事計画に正式の許可を与えた）。許諾を受ける側は、get the green light となります：We got the green light to continue our research.（研究を続ける許可を得ました）。

　庭の花や野菜を上手に育てる人を褒めるときに、Rudy has a green thumb.（ルーディは本当に上手く植物を育てることができる）と言います。thumb（親指）は単数形ですが、イギリス英語ではこの意味で have green fingers と言い、複数形の fingers を使います。

　少しずつ、アメリカでもサッカーが浸透してきて、そこから言葉を借用するようになってきました。サッカーでは審判が 2 種類のカードを使います。a yellow card（イエローカード）は反則を示します。a red card（レッドカード）は重い反則で試合から退場させられます。そこで、Our supervisor showed Rachel a yellow card for her behavior.（うちの上司がレイチェルの行動を注意した）と言ったり、That kind of language gets a red card!（そういう言葉使いは禁止です、やめなさい）と言ったりします。

決まり文句①

19世紀初めに、印刷業では金属製の原版が使われるようになりました。フランス語で *cliché* と言われ、活字を毎回1つ1つ設定する必要がなかったので、よく使われる言葉、表現、タイトルなどの印刷に便利でした。19世紀末までに、cliché には比喩的に「決まり文句、定型表現」という意味が生じました。よく使われている言葉、表現、決まりのフレーズのことです。

英語で cliché を使い過ぎると、インパクトが弱くなり、ありふれたものを多用するという印象を持たれてしまいます。しかし、多くのネイティブ・スピーカーがこれらを理解したうえで、会話の中に取り入れているので、理解できることは大切です。フレーズの内容、その意図が分からないと、相手のメッセージを正しく受け取ることができません。

では、ここでよく利用される cliché を見ることにしましょう。まずは、**Only time will tell.** は、今すぐ分からないことでも「時が経てば分かる」ということ。**Only time will tell whether they will get married.**（彼らが結婚するかどうかは時が経てば分かる）、**Who knows whether democracy will survive? Only time will tell.**（民主主義が存続するかどうか、時が経ってみなければ分からない）などと使います。

There's no way to tell.（だれにも分からない、さあね）は、例えば、「これから、円高になるか円安になるだろうか？」に対して、**There's no way to tell. I have no idea what will happen next.**（さあね、この先はまったく予想がつかない）と答えます。

正しく、適切であると思われる行動や、為すべきことに対して、**There's a time and a place for everything.**（何事にも時と場所というものがある）と言います。この表現は旧約聖書の「コヘレトの言葉」3章1-8節に由来します。

決まり文句②

Live and learn. は、自分や相手の体験に対しても使え、「長生きすれば色々のことを見聞きする、長生きはするもの」という意味になります："I shouldn't have loaned him money." "Well, live and learn."（「彼にお金を貸したのは間違いだったな」「まあ、人生いろいろ学ぶべきだね」）。

人生に色んな苦労があっても最後に上手くいくならいいでしょう。シェークスピアの喜劇の題名にもなっている、All's well that ends well. は「終わりよければ全てよし」という意味のことわざです。

相手が大きな問題を抱えているときには、次のような優しい言葉を伝えたいものです：Everything will turn out all right.（何もかも上手くいくようになるよ）／ If everyone cooperates, everything will turn out all right.（みんなが協力してくれるなら、万事上手くいくだろう）。しかし、1つ注意すべきことは、相手が本当に深刻な状態に直面している場合は、こういった定番の表現を使わない方がいいです。深刻さを無視して軽く扱われている感じがしますから。

Practice what you preach. は「人に言うくらいなら自分でやれ」。さまざまな言語に似た表現がありますが、意外なことにこれは、孔子の『論語』の中で用いられたのが最初だとする説もあります。「先行其言、而後従之」の英訳は "He first practices what he preaches, and then preaches according to his practice."（説教の内容をまず実践し、実践した通りに説く）です。その場にいない人を批判して、He should practice what he preaches.（彼は自分の説くところを実行すべきだ）と言ったりします。

（There are）no two ways about it. は、「他にやり［考え］ようがない、それに間違いない、それにはこれ以外の解釈などない」ということで、例えば、There are no two ways about it. He needs to improve his skills or he'll lose his job.（他に道はないんだ。スキルを上げないと彼は首になる）と言います。

決まり文句③

Anything goes. は、「決まりはない、規則はない」ということで、「何をしても構わない」の意味です。例えば、From what other people were wearing, it looked like anything goes.（他の人の服から判断すると、別になんでも構わないんだ）。

There's no harm in trying. は、「やってみる分には差し支えない」。例えば、"Do you think we can do it?" "There's no harm in trying."（「私たちはできると思う？」「ダメモトでやってみよう」）のように使います。似ているのは There's nothing to lose (by trying).（やってみても損はない）です。

「今のところ上手くいっている、これまではこれでいい」は、So far so good. で、"How is your new workplace going?" "So far so good."（「新しい職場はどんな具合ですか？」「今のところ順調です」）などがその例です。

Fight fire with fire. のもともとの意味は、「砲火の戦いには砲火で応じる」ということですが、比喩的に使うと「相手と同じ過激な手段で対抗する」という意味になります：I respected her because she was tough, and when necessary, she fought fire with fire and would not be intimidated.（彼女は負けず嫌いで、簡単に怯むことなく、必要に応じて、相手に抵抗しました。だから尊敬しています）。

質問に対する返事に用いる Your guess is as good as mine. は、「さあ、あなたと同じように、私にも分かりません」。例としては、"Where is Angela?" "Your guess is as good as mine."（「アンジェラはどこにいる？」「さあ、僕も分からない」）のように使います。guess は「推量」ですが、その推量には根拠がない、ということです。

Take the bull by the horns. このことわざは、「牛と戦うには角をつかめ」ですが、比喩的には「恐るべき者に対峙するにはまともにぶつかる方が良い」ということ。勇気を持って、自信を持って、危険な問題に取り組む、進んで難局に当たるということです：This is the time to take the bull by the horns and tackle global warming.（今こそ、複雑で、難しい地球温暖化問題に取り組むべきです）。

水の泡になった

go はイディオムやフレーズに多く出てきますが、ここでは頻度の高いものだけ見ることにします。

go to pot はイギリスで16世紀から使われている表現ですが、どうして「深鍋（pot）に行く」が「ダメになる」という意味になったのでしょう。肉の良い部分はローストして食べるのが最高ですが、質の落ちる部分は野菜と一緒に深鍋（pot）で煮て、シチューにして食べるのが一般的でした。そこで、肉が go to pot となれば、「（だめな肉だから）鍋で煮られる」ことを意味したのです。

時を経て、go to pot は一般的に、配慮を欠いたために「質が悪くなる、だめになる」ことを意味するようになりました。人にも物にも用います。No one took care of the garden, so it went to pot.（手入れする人がいなかったから、その庭は荒れてしまった）／ Our plans went to pot when it suddenly snowed.（突然雪が降ったので計画は水の泡になった）。「すっかりだめになってしまっている」という意味の場合は、It's ［He's］gone to pot. と完了形で表します。

small talk（世間話、雑談）で、よく使うのは go in for *something* です。相手の趣味を探るには Do you go in for sports?（何かスポーツをやっていますか）などと聞きます。そこから in だけ取った go for *something* は「取ろうとする、勝とうとする」です：She's going for her second gold medal.（ふたつ目の金メダルを獲得しようとしている）。また、人を励ますときには、短く Go for it!（がんばってね）と言います。

「続けること」には、go on *doing something* が使えます。If you go on looking for work, you'll eventually find something.（このままずっと仕事を探し続ければ、いずれ見つかりますよ）。

go over *something* の意味は、「繰り返し正しいかどうかを確認して練習する」ことです：Before every speech, I go over what I need to say.（スピーチをする前、必ず内容を確認しながら反復練習します）。スピーチが「上手くいった」ら、It went over well. と言いますが、この go over well は「気に入られる、成功を収める」という意味です。

決して間違っていない

古い口語ですが、使われた場合に理解できた方がいいのは、**for the birds** です。これは「つまらない、くだらない、ばかばかしい」という意味で、鳥の餌が種などちっぽけなものだから。**That's strictly for the birds.**（そんなのは全くばかばかしい）などと使います。

「望ましい結果に向かう」は **be on the right track**。**After carrying out several tests, we believe we're on the right track.**（いろんな実験をやって、私たちはいい結果に向かっていると思っている）。日常的に使える表現は、**You're on the right track.**（君は決して間違っていない）です。

鉄道の線路（**track**）を使った比喩的な表現があります。**live〔be born〕on the right side of the tracks** は、線路を境にして裕福な人と貧しい人の住居が分かれているところからきた言い方です。**on the right side of the tracks** は「裕福側で」、**on the wrong side of the tracks** は「貧しい側で」です。恵まれていてチャンスが多かったか、あるいはそうではなかったかを意味します。日本でも同じかもしれませんが、アメリカでは鉄道網が初めて広まった頃、町の中心は鉄道の駅でした。路線が町の真ん中を走ったことで、自然に繁華街や裕福な人たちの住居が片側に集中して、この表現のような社会、経済状況を示すことになりました。**right, wrong** は「正しい、正しくない」のことではなく、ある意味「社会的な運命」を示しています。

keep track of ～ は「注目して、その人の居場所やその動向を意識する」ことです：**My neighbor always keeps track of my comings and goings.**（隣の家の人は、私の往来を絶えず注目して見ている）／ **It's wise to keep track of the balance in your bank account.**（自分の銀行口座の残高をよく把握しておいた方がいいです）。

そう来なくっちゃ

Join the club. と聞くと、どんな「クラブに」と思うのは当然でしょう。club とはそもそも、イギリス男子の非公開な集まりのことです。メンバーは酒場やコーヒーハウスに集まって、一緒に飲んで、食事をしたりしながら会話を楽しみました。仲間意識の強い club では、メンバーが問題や不満、あるいは苦々しい体験などについて話をすると、それを聞いたメンバーは Join the club!（私もさ、ご同輩）と言って共感を表したのです。「自分も同じ考えである、同じような体験をしたことがある、決して君だけじゃないよ」というわけです。それが一般にも広まっていきました。Welcome to the club! とも言います："I haven't got any free time." "Join the club!"（「まったく自由時間がないんだ」「こちらも同じさ」）。

相手の意向に賛成したり、同感したりするなら、Now you're talking. という表現が使えます。口語ですが「待ってました、そう来なくっちゃ」という意味で、やっとその気になってくれたといったニュアンスです：Now you're talking business.（さあ、だんだん興味が湧いてきたね）。

ネットコミュニティでは、wavelength が大切になります。(to be) on the same wavelength は「波長が合って（いる）」ですが、それよりも「気が合って（いる）」という意味です。いろんな内容で使えますが、We're on the same political wavelength.（政治的に同じ考え方である）と言ったり、反対に、We aren't on the same wavelength.（私たちは考え方が同じではないようです）と言ったりします。また When people come from the same place, they feel on the same wavelength.（故郷が同じ人とは話がよく合う）とよく言われます。

似た表現に see things the same way があります：My wife and I see things the same way, fortunately.（運よく、うちの妻と僕は互いに意気投合したのです）。その逆の場合は、That's not the way I see it.（それは私の見方とは違いますね）。

ダメになっちゃった

　haywire はアメリカで 20 世紀初めに生まれた表現です。機械や道具が壊れると、haybaling wire（干し草を縛る金具）を使って、その場しのぎの修理をしました。ちゃんとした修理ではなく一時的なものでしたが、そこから haywire が別の場面でも使われるようになりました。

　「（人が）狂う、（機械が）故障する、（企画が）台なしになる」はみな go haywire と言います：A lot of Americans think their political system has gone haywire.（アメリカ人の多くは政治制度が狂ってしまっていると思っている）/ My laptop has gone haywire.（僕のパソコンの調子がおかしくなってきた）/ Our plans went haywire.（計画は混乱に陥った）。これらの例に共通するのは、それぞれがダメになってしまって、完全に直さなければならないということです。

　カジュアルな言い方ですが、以前は良かった組織・基準・状況が「非常に悪くなった」ことを go south と言います。小文字の s で、「南部」とは関係ありません：As a result of the pandemic, overseas markets have gone south.（パンデミックの影響で、海外市場はダメになった）。

　口語での（go）down the tubes は、状況が急に悪くなるかダメになるという意味です。The stock market crashed and his fortune went down the tubes.（株式市場が暴落して、彼の財産はなくなってしまった）。

　うまくいかないことをやめて、これ以上お金・時間・努力を失わないように何かを止めるのは、cut one's losses と言います：His business was failing, so he decided to cut his losses and sell the company.（事業に失敗してしまって、損失の少ないうちに会社を売ることにしました）。このような決断をするのは大変ですが、現実を直視した方がいいのです。その決断を聞いた人が、That must have been hard to do.（それを決めるのは辛かったでしょう）と言ったら、本人は That's about the size of it.（まあそんなもんだよ、実状はそんなところだ）と答えるでしょう。

真実が暴露されれば

　「ある感情や印象などを抱いて、ある所から去る」ことは、come away with *something* と言います：I spent four months in Italy, and came away with the impression that the Italian life style is very appealing. （4 ヶ月イタリアで過ごしたんだけど、イタリア人の生き方は魅力的だという気持ちが強くなった）。一方、come away empty-handed は、「手ぶらで［むなしく］帰る」こと。

　Come on! にはいくつかの意味があります。ひとつは「早く！」で、もうひとつは相手を応援すること。Come on, you can do it!（おい、君ならできるよ！）、Come on, cheer up!（さあ、元気を出して！）などと使います。また、機械や電気が「点灯する」の意味もあります：If you hit that switch, the lights come on.（そのスイッチをつけると、電気が点きます）。

　「秘密や情報が出る」ことには、come out を使います：If the truth comes out, the politician will be in trouble.（真実が表に出れば、あの政治家はひどい目に遭う）。もう 1 つは「本の出版」や「流行の出現」についてです。Whenever a new history book comes out, I check it out.（歴史の本が出る度に必ずチェックするようにしています）。

　「考えてみれば」は、come to think of it となります：Come to think of it, I've seen him before.（考えてみると、以前彼を見かけたことがあるよ）。

　「（思いがけないときに）役立つ」は、come in handy と言います：This tool will come in handy when we go camping.（キャンプに行ったら、この道具は役に立つだろう）。

　「立ち寄る」は come by で、よく会話の終わりに使います：Next time you're over this way, please come by.（今度こちらへお越しの節はお立ち寄りください）。

ぶっつけ本番

　北米の入植者たちは、川に沿って未踏の森林地帯に分け入り、西へと移住を開始しました。彼らはうっそうとした茂み（bush）を切り開いていかなければなりませんでした。灌木だらけの土地に道を付けるのは、膨大な時間と労力のかかる仕事だったため、日の暮れる頃には疲れ果てていました。

　その状態が be bushed と表現されるようになりました。今では、その原因が何であれ、「ヘトヘトに疲れている」という意味で使われています：I'm bushed. I'm going to call it a day.（私はクタクタに疲れた、今日はもう終わりにするよ）。

　19 世紀の演劇界で生まれた表現として wing it があります。俳優が病気などで出演できなくなると、急遽その穴を埋めなければならず、代役は舞台の袖（wing）でセリフを暗記する羽目になります。そこから生まれた wing it というフレーズは、「準備不足で本番に挑戦する」といった状況で使われます：He didn't have time to prepare for the presentation so he had to wing it.（プレゼンテーションを準備する時間がなかったから、ぶっつけ本番でいくしかなかった）。

責任を逃れる

　昔、信頼できる「お金（コイン、紙幣）」がなかったアメリカ西部では、ものを交換するときには主に物々交換が行われていました。次第に交換「単位」として buckskin（シカの皮）を使うことになり、後に buck と省略して使用するようになりました。今では、カジュアルな言い方で $1（a dollar）を one buck と言います。例えば、$1.50 は a buck fifty や a buck and a half となります。

　同じ時代にハンターが使うナイフの柄として、鹿の角（buck's horn）が用いられることもありました。それも省略して buck と言いました。カードゲームのポーカーで、配り手が交代する際「目印」としてその buck を回しました。その行動を pass the buck と言いました。その意味から pass the buck「責任を回す」が「自分の責任を他の人に転嫁する」と変化しました。トルーマン大統領のホワイトハウスの机に The Buck Stops Here と書いてある木の飾りものがあった話は有名です。写真を検索すれば必ず見つけられるでしょう。決めなければならない物事の責任を「背負う」のは最終的に大統領です。他の人に pass the buck ができないという戒めです。

　an ace in the hole もよく使われるギャンブルからの英語表現です。トランプでは ace（エース）は一番高い価値を持ちます。カードゲームでは、配られたカードは、本人しかそれらを見ることができません。他人には見えない大事なものを an ace in the hole と言います。このことから、an ace in the hole というのは「隠れた強み、利点」を必要なときに使うという意味になります。例えば、アメフトでは各チームは「念のための、もしもの場面のために取って置く１回しか使わないプレー」を密かに練習します：The team had a trick play that was their ace in the hole.（そのチームは取っておきの秘策を用意していた）。珍しいプレーをして相手をびっくりさせて、自分の側を有利にする作戦です。

世界で通用するもの

　英語の単語はラテン語、ギリシャ語、フランス語、スカンジナビア語などから作られており、その他、他の外国語からも借用しています。例えば日本語から *sushi*、*manga*、*anime*、*hikikomori* なども英語になっています。

　日頃あまり考えずに B.C.、A.D. などを使いますが、これらも英語の文化的な背景の理解（カルチュラル・リテラシー）が必須な表現です。

　B.C. は before Christ の略で、「キリスト前」すなわち「キリストが生まれる前」（紀元前）という意味です。

　今の時代は非キリスト教の国々がキリストの誕生を時代の区切りに使う必要はありません。最近になって、B.C. より B.C.E.；before the common era（共通紀元前）が広く使われるようになってきています。この場合、common というのは、「世界各地で通用する」ということです。これによって、宗教的なニュアンスがなくなり、みんなが同じ「時代の区切り」を使うことができます。

　同様に、A.D.（ラテン語の *anno Domini*、英語では the year of our Lord）はキリストの生まれた年からの時代（紀元後）を意味します。宗教的な意味合いをなくすため、現在は C.E.；common era（共通紀元）を使います。意味は「共通して使われる時代」となります。初めは歴史や哲学などの学術分野で使われていたものですが、一般の英語のネイティブたちもこちらに切り替えをしています。これによって特定の宗教を基準にすることがなくなるのです。

　ラテン語の省略表現つながりで、A.M.（または a.m.）も見ることにしましょう。これは *ante meridiem* を略したもので、before the sun reaches its highest point of the day という意味です。P.M.（または p.m.）は post meridiem、つまり after the sun reaches its highest point です。

　英語からすると、日本で見かける A.M. 9：00 や 12：00 A.M. は不思議です。理由は 2 つあります。まずは A.M. と P.M. は数字の前にはつけません。2 つ目は、12：00 には A.M. や P.M. はありえません。

潮の流れを止めろ！

　船乗りの世界から生まれた表現の smooth sailing（至極順調）は、困難もなく順調に海上を進んでいるという意味です。そこから比喩的に、問題なくことが進むことを、It's all smooth sailing from here on.（これからはまったく問題ない、へっちゃらだよ）などと使うようになりました。同じ意味で plain sailing も使えます。反対に rough sailing は「難航すること」です：It was rough sailing at the beginning, but once I learned the procedures, it was smooth sailing.（最初のうちは難航したけど、決まった段取りを覚えたら、順調に進むようになった）。

　clear the decks はもともと「甲板を片づけろ」という海軍での命令として使われていました。その目的は船に嵐が近づいているときや、戦闘準備に入るために、邪魔になるものを仕舞うことです。現在では比喩的な意味のみで使われますが、2 つの場面で登場します。まずは、通路などで荷物（例えば、ピアノ、大きなタンスなど）を運ぶとき、Clear the decks!（どけどけ、道をあけてくれよ）と人に移動してほしいときに使います。もう 1 つは「移動」ではなくて、他のことを脇に置いて、「準備を整える」場合で、「新しい事業の準備を整える」は、clear the decks for the new project と言います。もう一例：Clear the decks before you think of taking on any more responsibilities.（新たな責務について考える前に、今やっていることを片づける方が先だよ）。

　ちょっと上級かもしれませんが、stem the tide は「潮の流れを止める」ことからきた表現で、ほとんどのネイティブもその由来を知らないでしょう。しかし、様々な場面で使われます。例えば、stem the tide of opposition［public opinion］（反対を押し切る［世論に逆らう］）ですが、これは論争中にある人たちの意見に対して、自分の反対意見を述べる場合などに使います。さらに、「ある社会現象の増加や拡散を止める」場合は、We have to stem the tide of racism.（レイシズムの拡がりを止めなければなりません）のように使います。

座を和ませる

　break the ice というのは川や海の氷を砕くこと。川や海上が凍ると、船が進めないのでそれを砕くことが必要になります。そのような役目の船は「砕氷船」で、英語では an icebreaker と言います。そこから比喩的に「緊張や堅苦しさをほぐす」を break the ice と言い、「ほぐす」人やものが an icebreaker です。会話・ディスカッション・会議などを前へ進ませることのできるもののことで、A light bit of humor can be a good icebreaker.（ちょっとした軽いユーモアで堅苦しい雰囲気をほぐすことができる）などと言います。また、Anthony broke the ice with his warm, amusing comments.（アンソニーさんは心温まる、愉快な話をして座を和ませた）と使います。

　船が出港して航行中であることを under way と言います：The ferry-boat got under way.（あのフェリーは港を出ました）。そこから転じて、何かが始まることや動いていることの意味となりました。動詞の get を使った get under way が「動き始める」あるいは「始める」の意味となり、It's time to start the meeting, so let's get under way.（時間となりましたので、会議を始めましょう）、The conference gets under way next Monday.（協議会は来週の月曜日から始まります）のように使います。人の行動については Let's get under way, shall we?（さあ、ぼちぼち出かけようか）などと言います。しかし、もう始まっているなら、be 動詞を使って、The project is already under way.（その企画は、もう進行中です）となります。

ドン底に落ち込む

　船が hit bottom または touch bottom「底を打つ、座礁する」と、動けなくなって、危険な状況になります。そこから物が最低な値段、価値になったときには We believe the stock market has hit bottom.（株価は底を打ったと思われる）と言います。ニュアンスとしては「最低になったが、これ以上は低くならないだろう」ということ。人間についても、When he lost his job, he really hit bottom.（職を失ったとき、彼はドン底に落ち込んだ）と使います。

　かつて船舶同士が海で会ったとき、「味方」か「敵」かをなるべく早く確認する必要がありました。望遠鏡、双眼鏡などで相手の旗を見て確認する、その旗のことを colors と言いました。軍艦が他の国の軍艦だと確認したら、とりあえず戦闘準備のため Clear the decks! と命令しました。しかし、ときによって、本当の旗ではなくて、false flag（偽旗）を使うときもありました。国旗、軍の制服、道具などを別の国のものにして相手をだまそうとしたのです。昔、海賊はそのような手を使ったことが知られています。

　反対に、show one's true colors（本当の所属を見せる）という表現は、比喩的に「本性を表す」または「本音を明かす」という意味になりました。例えば、上司が I'm really proud of you. You showed your true colors in this project.（やあ、みんなを誇りに思っているよ。よくこの企画を成功させてくれた！）と言ったら「真の力を発揮した」ということです。

　海では様々な危険に遭遇します。その場合、昔なら「旗」で、現代では「電波」で遭難信号 distress signal(s) を発します。SOS（遭難信号）は全世界で使われています。比喩的に The school failed to notice distress signals sent out by the victim of bullying.（学校はいじめの被害者が出していた SOS サインを見落としていた）と言います。また "Mayday!"（メーデー）という言葉も国際的に無線遭難救助信号として認められています。

現在地を確認しよう

　船でも飛行機でも「位置」を把握することは大切で、determine *one's* bearing（自分の現在地を正確に知る）ことは船長やパイロットにとって重要な義務となります。日常的な表現として「自分の位置を確かめる」は、get［take, find］*one's* bearings と言います。現在地を確認するには周囲の形勢を見ることも必要で、そこから比喩的に「自分の状態を確かめる、自分のすべきことが分かる」という意味で、I'm trying to get my bearings. と言います。人がひどく困惑し場合は、I lost my bearings.（どうしたら良いのか分からなくなった）と言います。運が良ければ、You will soon find your bearings again. となるかも知れません。

　海を見渡したずっと向こうの部分を offing（沖合）と言います：We noticed a sailboat in the offing.（沖合に帆船を発見した）。比喩的には in the offing は「近い将来、予見できる将来」という意味で、More attacks could be in the offing.（ほどなくもっと多くの攻撃があるでしょう）などと言います。もっと喜ばしい例としては、Their wedding is in the offing.（近い将来に 2 人は結婚するでしょう）などと使います。

　keep abreast of *something* は海事用語では「～の真横に、並んで」で「船と船が並走するように」という意味ですが、そこから「（進度・認識などが）遅れずに並行する」という意味で多く使われます：I try to keep abreast of the latest developments in Artificial Intelligence.（AI の最新の開発に精通しようと努めています）。多くの人が望むのは、「時勢に遅れないようにしたい」Most people try to keep abreast of the times. でしょうか。

　船が出港することを ship out と言います。そこからきちんと仕事をしない人への厳しい言葉が生まれました：Shape up or ship out!（ちゃんとやるか辞めるか、どっちかにしろ！）。これは、「ちゃんと仕事をこなすか、職場から出ていくか、自分で決めろ。このままはダメだ！」という意味です。

骨の折れる仕事

　軍人、官僚、学者であった大プリニウス（Pliny the Elder）がさまざまな病気に効く薬を推奨し、そのとき必ず with a grain of salt（ちょっと塩を足すこと）と書きました。プリニウスは「万能薬」について多く書きましたが、皮肉なことに「塩」だけが英語表現に取り入れられました。さらにその意味が変化して元の話が想像できない、take *something* with a grain of salt（相手の話を割り引いて受け取る、割り引きして聞かなくてはならない）という意味になりました。相手がいつも嘘をつくというニュアンスも若干ありますが、それより、「ちょっと信じがたい部分がある」という意味で、いずれにしても完全に鵜呑みにしない方がいいということです。

　古代ローマでは兵士に塩を買うためのお金を与えた習慣から別な言葉ができました。ラテン語でその意味が「（塩を買うための）給金」である salarium が、現在の salary に変化しました。それはさらに worth one's salt というサラリー分の仕事をしているかどうかという表現になりました。She's worth her salt. は「彼女は給料にふさわしい働きのある人だ」となります。Any player worth his salt would be ashamed to lose a soccer game 10 to 0.（サッカー選手たるもの 10 対ゼロで負けるなんて大変な恥だと感じるはずだ）などとも言います。

　岩塩採掘場［岩塩坑］salt mines での仕事は危険で辛かったので、今の時代ではそれを比喩として使っています。一般的な仕事［職場］は危険ではないでしょうが、いささか辛い「骨の折れる単調な仕事」と感じる人は少なくないでしょう。コーヒーブレイク、昼休みが終わったら、同僚同士が Well, back to the salt mines. と言います。これは「じゃ、仕事に戻ろう」という意味。また、「（休みの後に）つらい仕事［学業、厳しい生活］に戻る」場合に、次のように軽く言うこともあります：Vacation is over. I have to go back to the salt mines on Monday.（これで休暇が終わり、月曜日にいつもの仕事に戻らなければならないんだ）。

HUMAN RELATIONS, EDUCATION, & LANGUAGE

{ 人間関係・教育・言語 }

ジレンマに陥る

　2つの同等な選択肢に直面して、どちらを選ぶべきか迷うという表現は、be in a dilemma です。あれがいいか、これがいいか、決めかねます。例えば、新しい仕事を探すときに、新旧の仕事を比べて、どちらも良いところ、良くないところがある場合：I'm in a dilemma about this job offer.（この就職のオファーについてジレンマに陥っている）。つまり、今の職場にはそれほど不満はなくて良いところもあるが、新しい誘いにも魅力を感じている場合です。人をジレンマに陥らせるのは、put［place, throw］*someone* in a dilemma と言います：I planned to go to New York in April, but my best friend just invited me to his wedding in April. That puts me in a real dilemma.（4月にニューヨークに行く予定だったが、先ほど親友からちょうどその時期の結婚式に招待されて困っている）。この場合も2つの選択とも良いことです。

　しかし、多くの場合では、望ましい選択よりは、望ましくない選択に使うことが多いと思います。2つ以上の困ったことに直面している場合は、どんな道を選んでも、良い結果になりません。例えば、Our company is facing the dilemma of lowering our prices or losing customers.（うちの会社は価格を安くするか顧客を失うかのジレンマに直面している）という場合、どちらの選択も望ましくなく、値段を下げると利益を失い、値段を据え置けば顧客が少なくなる可能性が高いということです。

　「2つの困難の間」では必然的に望ましくない選択に向き合うことになります。(be) between a rock and a hard place の rock と hard place は、ほぼ同じ意味で、「いい選択はない」となります。どちらを選んでも、苦労する辛い目に合う。また、be between the devil and the deep blue sea（（二つの困難に挟まれ）進退きわまっている）とも言います。

不思議な言葉

　分からない単語やフレーズに出会って辞書で調べて、1つめの定義、和訳を見て「なにか意味が合わない」という体験があるはずです。1つめで合わなければ、その下の意味と例文を見ていくべきです。drop がその必要性を物語っています。名詞だけで、「少量、あめ玉、滴ること」など 20 以上の意味を持ちます。動詞になると、「下がる、落ちる、飛び降りる」など 30 以上もあるのです。その中からピッタリ合うものを探す必要があります。

　特にイディオムとして使われている言葉をマスターしたいものです。1つ1つ覚えるのには時間がかかりますが、日常会話に出てくるので理解できないと困ります。Drop by for a drink. と言われたら、辞書の最初の意味では間に合いません。実は drop by というのは「来る、寄る」という意味で、特に「家にいるときに」使います。I'm glad you could drop by.（いらしてくれて嬉しいよ）は、パーティーでホストなどが使います。

　また、Drop by my office sometime tomorrow.（明日いつでも会社にお立ち寄りください）の場合、どうして come by と言わないのでしょうか。drop by には「ぶらりと」というニュアンスがあるので、気軽な気持ちでと伝えているからです。「あなたの都合が合えば、気軽に寄ってね」という感じです。

　それに近いのは drop in、drop over で Please drop over when you get a chance.（機会があったらぜひお寄りください）のように使います。この表現には日本語と同じく、2つのニュアンス、つまり「言葉だけ（社交辞令）」と「本当の誘い」があるので、そのことは忘れてはなりません。

　もう1つだけあげると「競争からおりる」は drop out of a race〔competition〕で、団体から脱退するのは drop out of an organization です。ある有名な企業の創立者は、He dropped out of Harvard.（ハーバード大学を中退しました）。

強調するには

　強調を表すために very（非常に）ばかりを使うのはあまり面白くないので、定番のフレーズを使う方法を紹介しましょう。

　「非常に利口な、抜け目がない」を表現するには（as）sharp as a tack がピッタリです。She's sharp as a tack and I admire her greatly.（彼女はとても利口で、私は彼女をとても尊敬している）。その他には（as）sharp as a razor［razor blade、needle、knife］などがあり、全部同じ意味ですが、その人の好み、習慣によってどの表現を使うかが変わってきます。

　「非常に平らな、平べったい」は（as）flat as a pancake です。普通のケーキは膨らんでいますが、パンケーキはペチャンコですから。I drove over a broken bottle and my tire went flat as a pancake.（割れたビンの上を車で走ってしまって、タイヤがペチャンコになっちゃった）、The desert is flat as a pancake, and hot as hell in the summer.（あの砂漠は真っ平らで、夏には地獄並に［異常なほど］熱い）などと使います。

　次はすごく分かりやすいフレーズです。「まったく違った」は（as）different as night and day と言います：They're brothers, but their personalities are as different as night and day.（兄弟だけどあの2人の性格はまったく違う）。しかし気をつけなければならない点があります。night and day は逆の day and night にはなりません。同じような例をあげると、日本語で「白黒」と言いますが、英語では順番は必ず逆の black and white です。

　2つの使い方がある（as）hard as nails はコンテクスト次第です。1つめは「筋骨たくましい」：He lifts weights daily and is hard as nails.（彼は毎日筋トレしていて、筋骨隆々です）。もう1つは「交渉にさとい、同情しない」という意味で、When it comes to business deals, she's as hard as nails.（商売の交渉となると彼女は一切容赦しない）と言います。

　「非常に簡単、朝飯前」を（as）easy as pie と言います。パイを作るのは簡単だと思いませんが、そういう言い方になっています。

セ・ラ・ヴィ

　人生には良いこともあれば、良くないこともあります。**There are many ups and downs in life.**（人生には栄枯あり）です。会社、職業でも同じで、**Every business has its ups and downs.**（すべての商売には好・不景気がある）と言います。

　しかし、それをある程度理解して諦める場合は **That's life.**（人生とはそんなものだ、それが人生だ）と言います。実はその言い方はフランス語からきたフレーズです。元のフランス語 *C'est la vie.* は英語圏でも使います。

　同じような意味を持つ表現でスポーツからきたものもあります。ボールを使うバスケットボール、テニス、バレーボールなどでは、相手が打ったボールが高く、低く、左へ、右へとどちらの方向にバウンド（bounce）するかを瞬時に判断しなければなりません。時にはその判断を間違うこともありますが「仕方ないなぁ」と思うしかありません。そんなとき、ピッタリな表現が **That's the way the ball bounces.**（人生［世の中］はそんなものさ）です。望んだ結果にならなかったが、どうすることもできないということ。

　同じ意味の **That's the way the cookie crumbles.** は、特に楽しくないことが起こるときに使う言葉で、「まあ、そうなってしまったからしかたがないよ」ということです。

　また、**That's the way things go.**（そういうことあるよ）というこの表現は、人に向かっては相手を慰める感じがあり、自分に対しては諦めを表します。

　最後に1つ明るいフレーズを覚えましょう。先ほどのボールのイメージを借りた bounce back、ボールが「跳ね返る」ように「立ち直る」ことには bounce back が使えます：**He was quite sick, but fortunately he has bounced back.**（彼はすごく具合が悪かったけど、幸いなことに、気力を取り戻してきた［立ち直った］）。また、試合では、**Naomi lost the first game, but bounced back to win the next two.**（ナオミは最初のゲームを落としたが、挽回して次の2ゲームを取った）と言ったりします。

ありがたや

　「よかった！」を表現する様々な感嘆詞（exclamation）があります。特に望みが実現したときに、Hallelujah! と言って「感謝！」または「喜び」を表します。もともとキリスト教で God be praised!、Praise the Lord!（神様に感謝！）の意味で使われていました。ヘンデルの「ハレルヤ・コーラス（Hallelujah Chorus）」はそういう意味を持ちますが、キリスト教徒ではなくても、この曲に感動する人は世界中に多くいるでしょう。

　Hallelujah! は宗教的意味から離れて、「ずーっと長く待っていたことがようやく起こった」ときに使います：Hallelujah! I finally got a job offer!（ありがたや！　ようやく仕事見つけた！）。

　より落ち着いた表現として Thank goodness!（ありがたい）があります：Everything went smoothly, thank goodness!（万歳、全部が上手くいった！）／ Thank goodness, the earthquake didn't do much damage.（ありがたいことに今回の地震では大きな被害はなかった）。

　文化の問題として注意していただきたいのは、真面目なキリスト教の信者は、気軽に God、つまり神様の名前を Oh, my God! みたいに使われることに抵抗を感じるということです。つまり、神を敬っているから「気軽」に「適当に」使うのは許されないという気持ちを持ちます。現代では、映画、日常会話でも使われるようになってきているのですが、人によっては「行き過ぎだ」と感じることがあるのです。ですから、Thank God! より、言葉を言い換えて Thank goodness! を選びたいと思います。「失礼」というほどではないですが、念のために覚えておいたほうが良いと思います。Oh, my gosh! を使っても良いでしょう。

　同様に Jesus! や Jesus Christ! を驚き、怒りなどの表現に使わずに、アメリカでは Jesus の婉曲表現である Geez! または Gee! を使います。Gee, I can't find my wallet.（ちぇっ、財布が見つからない）とするだけで、ちょっとした気配りになります。

気軽にいこう

　Easy come, easy go. ということわざは「得やすいものは失いやすい」という意味で「悪銭身につかず」と似ているかもしれません。日本のことわざでは、競馬などのギャンブルや宝くじなどで、一旦お金が手に入るものの、簡単に他の人の手に渡ってしまうといった「お金」と関係している意味ですが、英語ではお金だけではなくて、他の場合にも使います。努力しないで得たものを、簡単に失ってしまったときなどにです。

　数人でタンスみたいに重く大きいものを運んでいるときに、ドアなどにぶつからないように、仲間に Easy does it!（ゆっくり、気をつけてね）と言います。つまり、あわてないで、少しずつ進めばいいんだよということで、Take it easy! も同じように使えます。

　しかし、Take it easy! は別の場面にも使える表現です。人間関係の中で、相手が興奮したり、激高したりしたとき Take it easy!（落ち着いて！）または Calm down! と言います。スラングほどではないけれど、親しい仲間への口語的表現に Chill! または Cool down!（頭を冷やせ！）があります。仲間に対してならかまいませんが、目上の人に言わないようにしましょう。

　「言うは易く行うは難し」という言い回しの英語版はよく会話で使います。相手が何か立派な考えを提案してきたとき、「口で言うほど易しくはないさ」と思ったら、(That's) easier said than done. と返せばいいのです。I think I can finish this job by Friday.（金曜日までにこれは完成できると思うよ）と言われて、それは無理だろうと思ったときには、Easier said than done. It requires a lot of calculations.（やあ、言うのは簡単だけど、計算がいっぱい必要になってくるんだけどね）と言います。

空気が読めない

　日本語で KY という言葉を初めて聞いたときに、ある人にはそれを「空気を読む」と、また別の人には「空気が読めない」と説明され、訳が分からず困りました。英訳として read the air はどうもピンと来ません。いろんな訳のうち「空気を読む」は、be aware of the situation、「空気が読めない」は not be aware of the dynamics in the group が一番近いですが、文章で表現するなら He's oblivious to his surroundings. や He's oblivious of the dynamics within the group. が一番使えると思います。

　read between the lines は直訳すると、「行間を読む」ですが、もうちょっと意訳すると、「言外の意を読み取る」となります：His email seemed cheerful, but reading between the lines, I felt a bit of sadness.（彼のメールの調子は明るそうだったけど、なんとなく悲しみが読み取れました）。

　旧約聖書の「ダニエル書」の第 5 章に、紀元前 6 世紀ユダヤ人がバビロンで奴隷にされた時期、バビロンの王の宮殿に不思議な手が現れて壁に何かを書き、王はそれを理解できなかったので、ダニエル（Daniel）を呼んで、解読するように命令をしたところ、ダニエルは「神様が王様も王国も滅ぼす」と解読し、その夜、王様が殺害されたとあります。そこから比喩的に the handwriting on the wall は「不運なことが起こりそう」という意味になっています：His firing was no surprise; he had seen the handwriting on the wall for weeks.（首にされたとき、彼はびっくりしませんでした。数週間前からそんな兆候があったから）。また、自分の立場が危ないと友達に言うときには I can see the handwriting on the wall.（自分の立場が危ういことはわかっているんだ）が使えます。

　また「いろんな様子を見れば状態が分かる」は、put two and two together と言えます。計算が弱い人でも two plus two（2 プラス 2）の計算の結果（つまり 4）は分かります。つまり、様々なことを合わせて見れば、結果が読めますよということです：She put two and two together and realized he had been in America five years.（彼が話したことからアメリカに 5 年いたことが彼女には分かった）。

甘んじて受ける

　人生にはいろいろと決断しなければならない場合があります。時にそれは良いことにつながりますが、失敗に終わることもあります。決断によって良くない結果になっても責任を持つのは当たり前ですが、「他の人のせいだ」と言って、そこから逃げたくなったときにぴったりな表現に、**You've made your bed, now lie in it.**（自業自得）があります。現代ではあまり使いませんが、昔からのことわざで **As you make your bed, so you must lie on it.**（自分で決めたことだから、文句は言うな）ということで、「この状態を作ったのはあなた自身なので、その結果は自分で直面しなければならない」という意味です。

　また、責任から逃げようとする人に対しては、**You asked for it.**（自業自得だろ、僕は知らないよ）のように言います。

　上の表現は良く言うと「自分で決めたが、事が上手く運ばなかった」だけで、意図的に悪いことをしようとしなかった場合です。しかし、最初から、自分で不正、不法、道徳的に悪いことをして罰を受けることになった場合、2つの言い方があります。両方同じ意味ですが、**face the consequences**（（自分の行為などの）結果に対する責任を取る［負う］）と **face the music**（（自分の行為に対して）進んで責任をとる、いさぎよく（世間の）批判を受ける）です。例えば、**He stole money from his company for years and now he has to face the music.**（数年も会社のお金をくすねていたので、今になって責任を取らなければならなくなった）などと使います。

　また、相手に良いことをさせようとしても、相手は行動を起こさない。自分が一生懸命相手のためになることを推薦したり提案したりしても、それを受け入れて行動してくれない。そんなときには、**You can lead a horse to water, but you can't make it drink.**（馬を水辺に連れて行くことはできるが、水を飲ませることはできない）、つまり「嫌がることはさせられない」ということわざがあります。

一体どういうつもり

　日本語では devil を「悪魔、魔王」などと訳しますが、Satan または大文字で the Devil はキリスト教とユダイヤ教では、神様に反する「最強の悪の存在」を示します。気軽にその名前を口にしてはいけないと思う人たちは、What the devil ...?（いったい何が…??）をわざわざ What the dickens ...? と言い換えていた時代もありました。今はそれほど敏感な人は少ないようで、What the devil happened?（いったい全体何が起きたんだ）、What the devil are we going to do?（いったいどうしよう？）などと言います。

　give the devil his due（気にくわない人をも公平に扱う［認める］）ことは難しいことですが、例えば、His fees are high, but give the devil his due: he does good work.（彼のギャラは高いけど、仕事の腕がいいことは確かだね）、My boss can be irritating, but to give the devil his due, he is always fair.（私の上司にはイライラさせられることもあるけど、公平であることは確かに認めなくてはね）のように使います。

　英語圏では議論をする場が日本より多いのではないかと思います。日本では上の人ばかりが発言して影響力のある人たちの間でものが決まり、周りの人は黙ったまま議論に参加しないことがよくあります。

　一方、アメリカでは積極的に議論に参加するのは当たり前。時々、議論を活発にするために、わざと反対の意見を述べたりします。それを play the devil's advocate（相手の言うことに難癖をつける）と言います。カトリック教会では列聖審査で聖人にすべき候補者の奇跡・徳行の証拠を精査する人のことを devil's advocate（悪魔の代言者）と言いました。一般には Wise CEOs have people around them who play the devil's advocate.（賢明な社長は判断を下すときに、反対の立場を取る人をわざと自分の周りに置きます）などと使います。イエスマンばかりに囲まれていては良い意思決定はできないということです。

一線を越える

　draw a line は言葉通りなら「線を引く」ですが、比喩的な表現としては、draw a line between right and wrong（善悪の間にはっきり一線を画す、はっきり区別する）という意味になります：Politicians should draw a line between public and private affairs.（政治家は公私を厳密に区別するべきだと思います）。

　line には「紙一重」を表す a fine line between A and B（A と B にはほんのわずかの差しかない）という言い方があります。例えば、There's often a very fine line between failure and success.（失敗と成功はしばしば紙一重だ）のように使います。さらに、毎日ニュースを見ていると、In politics there's a fine line between the good guys and the bad guys.（政界では良い人と悪い人の一線が非常にあいまいなことがある）と感じます。

　ある一線を越えるのは cross a line です。その線が具体的なものの場合、例えば、道路のセンターラインは車で越えることは許されません。一方、飲み会である人の特徴についての話がちょっとした「揶揄」から一線を越えて「いじめ」になることもあります：His comments crossed a line between teasing and bullying.（彼のコメントはいじりといじめの一線を越えた）。特にその線が赤ならば要注意です。a red line というのは「超えることが許されない線、危険な境界線」のことで、近年アメリカの社会問題に関して使われています。州の教育委員会が教科書認定のときに入れて欲しくない内容を禁じるというケースは、That subject crosses a red line in our schools.（我々の学校ではそういう内容は許されません）と言います。

　「越える（cross）」を使った表現として、We'll cross that bridge when we get to it.（その時はその時だ）というのもあります。that bridge というのは「起こる可能性のあるトラブル」のこと。今心配しても意味なくて、その時になったら対処しましょう、つまり There's no point in worrying about it now.（今心配しても意味がない）ということです。

隅から隅まで

from alpha〔A〕to omega〔Ω〕（初めから終わりまで、終始）という表現は、古代ギリシャ語（Greek）由来ですが、現在の英語ではアルファベットを使った from A to Z の方が多く使われています：He knows the words to the Beatles' songs from A to Z.（ビートルズの歌のことなら彼は隅から隅まで知っている）。つまり、知らないことは何もないということで、When it comes to computers, she knows everything from A to Z.（コンピューターのことなら彼女はなんでも分かってますよ）などと使います。

何かに対応するために必死に頑張っているという場合、英語には2つの表現があります。「首のすぐ下まで水が来ていて溺れそうだ」というイメージで、up to one's ears〔neck〕in something。どちらもギリギリ息ができる、本当に厳しい状態です。

みなさんも We're up to our ears in work. という体験はありませんか。仕事で忙殺されているのは辛いでしょう。また主婦ならば、Every day I'm up to my ears in housework.（私は毎日家事に追われている）と言いたい人も多いでしょう。仕事や用事だけではなくて、他の状態にも使います。よく使うのは「借金」です。He's up to his neck in debt.（彼は借金で首がまわらない）。

194

後味が悪い

　leave a bad taste in *one's* mouth（食べ物の後味が悪い）という表現は、比喩的に使うこともあります。普通に会話をしていたのに余計な一言によって台無しになることがあります。こんなときは、His last comment left a bad taste in my mouth.（彼の最後の一言で後味の悪いものになった）と言います。

　ラクダは荷物を運ぶ力のある動物として有名です。「もうちょっと、もうちょっと」と荷を背に載せていき、ついに限界を超えてしまい、最後のわら一本でラクダの背を砕いてしまうということを、the straw that broke the camel's back と言います。これを人間の忍耐が切れるときの「たとえ」として使うことがあります。彼女がドタキャンしたのは3回目で「もう我慢ならない」場合、That's the third time she's cancelled at the last minute. That's the straw that broke the camel's back. と言います。短く言うと That's the last straw!（もうこれ以上少しも我慢ならない）です。

　「わら」は別の表現にも登場します。grasp at straws［a straw］というのはワラにもすがるということで、溺れた人のようにどのようなもの（不適当なものであっても）にも頼ろうとすることです。例えば、He's grasping at straws to keep his company in business.（会社を救うためにどんな手段でも取ろうとしている）と言います。

　英語で「針小棒大」のことは、モグラが作る土の山をあたかも本当の「山」であるように考える、make a mountain out of a molehill と表現します。一般的には Don't make a mountain out of a molehill.（くだらないことを大げさに騒ぎ立てないでよ）などと使います。

　農家、特に牛、馬を飼っている場合は、太陽が出ている日や季節の間に「草を干しておく」ことが大事です。そこから make hay while the sun shines は、「できるときにやっておくのは大切」だという意味になりました。日本語では「善は急げ」が近いかと思います。Various shops are making hay while the sun shines by offering take-home meals.（好機を逃さないように、いろんな店がテイクアウトの食事を提供している）のように使います。

何が起ころうとも

　一般的に、人は状況によって態度や対応が変わります。しかし、そうでない場合も少なからずあります。そんなときに no matter what（何が何でも）という表現は便利です。文章の前につけても、後につけてもかまいません。**No matter what, she's always full of life.**（何が起ころうとも、彼女は元気いっぱいです）などと使いますが、どんな場面でも、どんな相手が周りにいても、いつでも元気ということです。

　no matter what happens も「何が起ころうと」と言う場合に使います：**No matter what happens, stay calm.**（どんな事が起こっても、落ち着いていなさい）。

　what の代わりに how を入れると、「どんな方法や作戦を使ってでも」という意味になります：**No matter how hard I work, I'll never finish on time.**（どんなに頑張っても、時間通りには終わらないだろう）。

　そして、話し合いの場では、no matter what you say（あなたが何と言おうとも）と強い意志を伝えることができます：**No matter what you say, I'm going to quit my job.**（あなたが何と言おうと私は仕事を辞めます）。anyone を使うと特定な人に向けてでなくても使えます：**No matter what anyone says, I'm going to become an actor.**（誰が何と言おうと、僕は役者になるんだ！）。

　no matter what *one* has to do は、どんな cost（犠牲、代償）がかかってもやります、という強い意志の表明です：**No matter what I have to do, I'm going to start my own company.**（石にかじりついても自分の会社を作ります）。

　「無条件で」という強い、はっきりしたことを伝えたいときは no ifs, ands, or buts（about *something*）が使えます：**We guarantee our products— no ifs, ands, or buts.**（当社の商品を保証します、疑問の余地なく）／ **I want that project completed today, and no ifs, ands, or buts.**（あのプロジェクトは今日中に終わらせてもらいたい、つべこべ言わずにね）。

すごく馬が合う

hit というと「当たる、打つ」という意味が浮かんでくるかと思いますが、実はいろんな表現に使われる言葉なので、それらを見ていきましょう。

hit the road は「出かける、旅に出発する」の意味で、「明日7時に出発しよう」は、Let's hit the road at seven tomorrow morning. と言います。

go to bed という意味で hit the sack または hit the hay と言います。おそらく sack というのはベッドのマットレスや枕と思われます。また、hay というのは昔マットレスの素材はわらだったからという説があります。I'm bushed. I'm going to hit the sack.（クタクタだ、もう寝るとするか）と言います。

すごく怒る場合は、hit the ceiling、hit the roof の両方が使えます。爆発して天井にぶつかるといったイメージでしょうか。When he saw the amount of the bill, he hit the ceiling.（請求書の金額を見てかんかんに怒った）が一例で、「彼の言い方があまりにもひどくて、僕はすごく腹がたった」は His comments were so rude, I hit the roof. と言います。

人との出会いで、すごく馬が合う場合は、hit it off が使えます。同じ意味で get along well、be compatible with *someone* もあります。Maria is great—she and I hit it off right away.（マリアはすごく良い人で、最初から仲良くなった）などと使います。

It's hit-or-miss. は「一か八かだ」という意味。競馬とかポーカーではそれは当然のことですが、職場での働き方や研究の進め方については、hit-or-miss は「いい加減」で許されません：His hit-or-miss way of doing business is unforgivable.（彼の行き当たりばったりのいい加減な仕事ぶりは許されません）。

また、試験が控えている人は hit the books（勉強する）必要があります：It's time to hit the books.（勉強する時間だね）。

今さら蒸し返しても

初めて日本に来たとき、ある中学校の英語の先生は会うたびに彼が最近学んだことわざを無理に会話に入れてきました。その先生の努力は褒めたいですが、無理やり使わなくても良いのです。ただ、相手が使うときに、理解できないと困ります。若いネイティブ・スピーカーから「あれは古い、誰も使っていない」と言われたとしても、知らなくても良いことにはなりません。確かに、There's no use crying over spilt milk.（やってしまったことはどうにもならない）は、あまり耳にしませんが、使っている人もいます。そのときに備えてその意味が理解できることは決して無駄ではありません。

If you can't stand the heat, get out of the kitchen. は言葉通りですと、「暑いのが我慢できないようなら、台所から出て行け」ですが、比喩的に「自分の仕事や置かれた状況について、そのつらさに耐えられないようなら辞めてしまいなさい」ということ。I couldn't take the pressure of my job, so I quit. As they say, "If you can't stand the heat, get out of the kitchen."（仕事のプレッシャーに耐えられなかったので辞めました。できないことを無理にすることはないからね）。

That's [It's] all water under the bridge (now). は、「今となっては全て過ぎたことだ、今さら蒸し返しても始まらない」という意味で、過去のことに拘らないで次に進もうという場合に使います：I was furious with him, but he apologized. So that's all water under the bridge now.（私はすごく怒ったが、彼が謝ったから、もう過ぎたこと、終わったことにします）。

問題を解決するときや難しい課題に直面したときには 1 人だけでやるより 2 人で話し合って、いろんな角度から見た方が良い結果になります。そんなときは Two heads are better than one.（2 人寄れば文殊の知恵）と言います。

気候変動の話題でよく取り上げられる氷山については、It's only the tip of the iceberg.（氷山の一角だ）という表現があり、The recent bribery cases are just the tip of the iceberg.（今回の賄賂事件は、氷山の一角に過ぎない）のように使います。

宗教による禁止語

　ここでは、これまでにも出てきた「宗教による禁止語」とその言い換えについてまとめておきたいと思います。

　1つは「神」の名前を気軽に使わないということ。ユダヤ教でも、キリスト教の各宗派でも、「神様」（**God**）は、崇敬する存在なので、軽くその名前を使うことはできません。キリスト教では Jesus と Christ もそうです。お祈りをするときや宗教の儀式にしか使ってはならないと教えられています。

　もう1つは hell（地獄）や damn（罵る、呪う）です。気軽に Go to hell! Damn you!（地獄に落ちてしまえ！）などと言うことは許されませんでした。現在でも、その宗教、伝統、習慣などとは関係なく「失礼、不適切、下品」だと思われますので、使うのは避けたいものです。

　そのような言葉を言い換えた euphemism（婉曲表現）がよく使われます。左側は禁じられているもの（少なくても、あまり推薦しないもの）で、右側はその代わりの婉曲表現となっています。

damn / darn, durn　　　God / gosh, goodness　　　Oh my God! / Oh my gosh!

Good God! / Good gracious!　　　For God's sake! / For goodness sake!

hell / heck　　　What the hell! / What the heck!

Jesus / Jeez, Geez, Gee whiz

Jesus Christ / Jeepers Creepers（古いですが）

　特に私の生まれ育ったアメリカ南部で親に教わったのは、**God damn it!** を避けて、語順や発音を換えたナンセンスな言葉 Dadgu-mit! を使って、「困った！」と言うことです。

見るだけではない①

look は「見る」ですが、イディオムではいろいろなニュアンスがあるので、例を Let's take a look!（見てみましょう！）。

look at 〜 は「目を向けて見ること」で、We looked at the language books on the shelves.（棚に並んだ語学関連の本をちょっと見た）などを使います。場合によって、そのものを評価するために見る場合もあります：I looked at the course description to see if I wanted to sign up.（登録するかどうかを決めるため科目説明を見てみた）。ほとんど同じ意味を持つ言い方 take a look at 〜 も覚えておきたい表現です。

「振り返る」は look back on *something* で、「学生時代を振り返ってみると、いろんなバカなことやりましたね」は、Looking back on my college days, I did a lot of foolish things. と言います。

look up は、例えば辞書で言葉の意味を引く（調べる）に使います：We have to look up words in the dictionary while we're reading.（読んでいる途中で、いつも辞書で言葉の意味を調べなければならないんだ）。

見るだけではなくて、「探す」のは look for 〜 です：I can spend hours looking for a good book at a bookstore.（面白い本を探すためなら、本屋で何時間かけても構わない）。

見ることとはちょっと違って、look forward to *something* は「〜を楽しみにする」ことを意味します。Everyone is looking forward to the three-day holiday.（みんなが3連休を楽しみにしている）。

「注意深く観察する、用心する」は look out for 〜 で、Carol is looking out for a new apartment.（キャロルは新しいアパートを吟味して探している）などと言います。また、「自分の利益だけを求める、自分のことを一番に考える」というちょっと自己中心的な表現に look out for number one があります。

look after *someone* には「人の面倒を見る、人を守る」という意味があります：My sister looked after me when I was young.（子供時代、お姉さんが僕の世話をしてくれた）。

見るだけではない②

　景色を満喫しながら道をのんびり歩いて、急に Look out! という大声を聞くとびっくりしますが、すぐに周りを見回して何か危険な物事があるかどうか確認した方がいいです。自分とは関係ないだろうと思っていては絶対ダメです。Watch out! も同じ意味で「気をつけろ！」のこと。ものが落ちてくるとか、車が迫って来るとか。Heads up!（気をつけて）となるとやや危険性は少なくなります。

　自分の周りを見ることは look around ですが、店内での look around はちょっと違います。店員に Can I help you find something?（何かお探しですか）と言われたら、No thanks. I'm just looking around.（いえ、ただ見ているだけです）と言いましょう。しかし、別な場面での look around for *something* は「調べて回る」ことです：I looked around for a good English conversation school and I finally found one.（いい英会話学校を探していて、ようやく見つけました）。

　look into the box は、そのまま「箱をのぞき込む」の意味ですが、look into the issue は「その件を調査する」ことです：The government should look into the complaint from the residents.（政府は市民からの苦情を調査する必要があります）。これは原因、そして解決策を検討することを意味します。

　look through *something* は、真剣に見るのではなく、比較的軽く「目を通す、覗く」という意味で look through a telescope（望遠鏡で見る）という場合と、もうちょっと目的を持って見る場合があります。We'd better look through those documents.（書類にひと通り目を通した方がいい）の場合は、書類の最初から終わりまでを調べるニュアンスがあります。

　前項では、look up のよく知られている意味 look up a word in the dictionary（辞書で言葉を調べる）を紹介しましたが、主語が人間ではない場合、things are looking up はどういう意味でしょうか　新聞の経済のトピックで Business is looking up. なら「商売は上向きになっている」ということです。

ラテン語から英語に①

　「英語」の強さの理由の1つは、他のいくつもの言語資源からできていることだといっても良いと思われます。アングロ・サクソンからの言葉、フランス語からの言葉、ラテン語からの言葉など、文章や会話の文脈によって、適切なものを選びたいものです。

　まず、ラテン語から直接英語になった表現を見ることにします。「その場限りの、臨時の」を *ad hoc* と表現します。例えば、**The committee meets on an ad hoc basis to discuss issues that arise.**（その委員会は問題が持ち上がったときに限って集まる）と言います。

　「アドリブで語る、即興的に演説する」には **ad-lib** を使います。動詞ですが、形容詞としても使えます：**I didn't know I would have to speak to the group, so I ad-libbed for ten minutes.**（みんなの前で話さなければならないとは知らなかったが、アドリブで10分もしゃべった）。

　de facto は、副詞で「事実上」、形容詞としては「現存の」の意味ですが、ニュアンスとしては「正しいかどうかは法律的に不確かだが事実上」という感じです。例えば、ある国のリーダーが独裁者なら、**He is the de facto ruler of the country.**（彼がその国の事実上の支配者です）と言い、**Unfortunately de facto segregation still exists.**（残念ながら、事実上は人種による分離がいまだ存在している）のようにも使います。

　「現状」の意味では status quo を使います：**They oppose any change to the status quo.**（彼らは現状のいかなる変更にも反対している）。特によく使う表現である **maintain the status quo**（現状を維持する）は、保守的な人に対して使います。

　初めて日本語で「ノルマ」と聞いたときには、何だろうと思いました。辞書で調べると *quota* という英訳がありました。「ノルマ」というのは、なんとロシア語からの言葉だったのです。ラテン語の *quota* は英語では「割り前、分配」などの意味です：**The government has decided to impose quotas on imports from certain countries.**（政府は特定の国に輸入制限を課することにしました）。

ラテン語から英語に②

　専門的・学術的な言葉はアングロ・サクソン系やフランス語由来よりも、ラテン語からきたものの頻度が高いと言ってもいいでしょう。それは特に心理学用語に見られます。精神分析での id（イド）、**ego**（自我）、そして **superego**（超自我）はラテン語からです。英語ではさらに、**egotist**（自己中心主義者）と **egotistic**（自惚れの強い、独善的な）のように使われるようになりました。

　またラテン語の「他の」を意味とする **alter** と一緒になると **alter ego**（もう１人の自己）で、「代役」の意味になります：Suzuki acts as Tanaka's alter ego during his absence.（鈴木さんは田中さんが不在の間の代役になります）。alter ego にはこのような「もう１人の自己（second self）、完璧な代役」という意味の他にも、信頼関係の厚い「無二の親友、すごく親しい友達」としても使われます。

　英語で「逐語的」は word for word ですが、ラテン語の *verbatim*（正確に言葉通りに）を使って、話した言葉通りに記録することを表現します：His speech was taped and then transcribed verbatim.（テープで録音した彼の演説を一字一句発言通りに文字化しました）。

　私がちょっと気になっているのは、和文英訳、英文和訳において、**verbatim**（word-for-word）translation（逐語的翻訳）が安易に求められることです。米国の国務省で外国語を教える研修制度では、英語が母国語の人にとって、習得するのが難しい言語を段階で示しています。一番難しい段階の外国語には中国語、韓国語、そして日本語が入っています。その距離を超えるのにはすごく勉強の時間が必要になります。**verbatim**（word-for-word）translation は大変難しいといわざるをえないのです。

　文章の終わりに「など」の意味で **etc.** が使われますが、英語では日本語ほど使いません。日本語では「その他にもいろいろとあります」と言い添える習慣がありますが、英語ではそれは「あいまい」と判断されて、嫌われるのです。

フランス語から英語に

　英語の表現があるのに、どうしてフランス語の表現を使うのだろう、と思ったことはありませんか。その理由の１つは歴史にあります。イギリスの王室の言語がある時期フランス語だったこと。そして、隣の国のフランス文化が「上品」だと考えられていたことから、フランス語から英語なった言葉がいろいろあります。気づかないかもしれませんが、*café* はフランス語から入った言葉ですが、完全に英語になっています。

　「人々はどっと入り口に向かって殺到した」を英語で言うとき、crowds を使うこともできますが、People rushed to the entrance en masse. とフランス語の *en masse* を使うこともよくあります。また、「途中で」の意味で、*en route* も使います：We stopped in Sendai en route from Tokyo to Aomori. （東京から青森への途中に仙台に立ち寄った）。

　今起こっていることとそっくりなことが前に起こった気がすることはアクセントマークつきで *déjà vu*（既視感）と言います：I had an eerie sense of déjà vu in the cathedral, although I had never been there before. （この大聖堂には初めて来たのに、前に来たことがあるような奇妙な感じを受けました）。

　ちょっと使い古された表現は *cliché* です：His speech was boring and filled with clichés. （彼のスピーチは月並みな決まり文句ばっかりのものだった）。

　英語にも interjection（感嘆詞）は沢山あるのに、フランス語の *Voila!* を使うことがあります：Voila, my new smartphone! （ほら、僕の新しいスマホだよ！）。

　経済分野に関する新聞や会話では、*laissez-faire*（自由放任）が自然に使われます：It is argued that laissez-faire trade has negative impacts. （貿易の自由放任主義には悪い影響もあるのではと言われています）。

　「全権を委任する」というのは give *carte blanche* と言います：Williams was given carte blanche by the company to arrange the dinner party. （ウィリアムズさんが会社からディナーパーティーの企画を全面的に任された）。

名前の呼び方

　アメリカを含めて英語圏では人の名前について、いろいろな「課題」があります。名前の順番としては、first［given］name、middle name、last［family］name の順となります。かつて first name のことを Christian name と呼ぶこともありましたが、アメリカではキリスト教徒でない人も多いので、現在では Christian name を使わないで、first name や given name と言います。ちなみに英国では baptismal name（洗礼名）、fore-name（姓の前にある名）も使いますが、アメリカでは使いません。場合によって、nickname を使うこともあるので、確認のため What is your first name, please? と聞いた方がいいでしょう。例えば、私の「名前」は James ですが、Jim を使います（ただし、日本では分かりやすくするため「ジム（Jim）」を使わないで、あえて「ジェームス（James）」を使っています）。

　「名字、姓」は surname または family name と言います。さらに男性の「二世」は Junior といい、サインするときには Jr. と書きます。日本では「名字と名前」しかないため、公式的な登録（たとえば、免許証、保険証）にこういうものをどう書くべきかが分かりにくいかもしれません。

　「名で呼び合う親しい関係にある」ことは、アメリカでは be on first-name terms（with *someone*）で、英国では be on a first-name basis（with *someone*）と言います：The head of the company and I are on first-name terms.（その会社のトップと僕は親しい関係です）。日本の報道では、レーガン大統領と中曽根首相がロン、ヤスと呼び合ったと取り上げていましたが、実際には相手（目上の人か同年の人）が呼んでくれるようになるまで、ファーストネームを急いで使う必要はありません。親しくなって自然に呼び合うようになるのが良いでしょう。

　相手をよく知っていることを、know *someone* inside out と言い、She knew Kathy inside out.（キャシーのことは何もかも知っていた）のように使います。そこから人物以外についても、She knew the work inside out.（彼女はその仕事のことを何から何まで知り尽くしていた）と使います。

心機一転します

　人は時に自分の生活習慣などを完全に刷新したいと思うことがあります。turn over a new leaf はそういう気持ちの表現です。turn over は「（ページを）めくる」の意味で、leaf は木の葉っぱではなく、「本のページ」のことです。本に退屈な話やくだらないことばかり書かれていたら、そこを読み続ける気にはなりません。次のメージをめくりたくなるのです。

　人生を１巻の書物と考えれば、この表現はよく理解できます。「人生の新しいページをめくる」とは、これまでの悪しき習慣を捨てて再スタートすることを意味します。「心を入れ替える、心機一転する」から、さらに「行いを改める」といった意味にもなります。I've decided to turn over a new leaf and study English every day.（心を入れ替えて、英語を毎日勉強することにした）。

　似た表現に start（off）with a clean slate（きれいな石版でスタートする）がありますが、「過去を清算して再出発する」という意味です。slate は、その昔記録に用いた「石版」のことです。それを clean にしてスタートするのですから、「過去の忌まわしい記録をぬぐい去って新しくやり直す」という意味になるわけです：Let's give up on this proposal and start with a clean slate.（この計画は止めにして、白紙に戻しましょう）。

　scratch は「引っかき傷」の意味もありますが、ここで説明する意味は競走用語で、「コースにひっかいてつけた（scratched）スタートライン」のことです。そのことから「最初から」という比喩的な表現が生まれました。start from scratch は「最初からやり直す、一からやり直す」という意味です：His business failed completely and he had to start all over again from scratch.（彼は事業に完全に失敗し、改めて出直さなければならないことになった）。料理に関してもよく使います：I don't use a mix when I bake a cake. I start from scratch.（私はケーキを作るときには、ケーキの素を使わないで最初から作ります）。

『こころ』の英訳

　夏目漱石の『こころ』が何人かによって英訳されていますが、そのタイトルを訳すのは大変困難だったと思います。どうしてかというと、「こころ」という言葉があまりにも多くの意味を持っているからです。

　ここでは、「心」に関する英語の表現を見ていくことにしましょう。

　まず、heart は「精神、気持ち、性格」の意味を持ちます。in *one's* heart は「心中」でということで、In my heart I believed in her.（心の中では彼女を信頼していた）と言います。at heart は、表面的なことではなく「心の奥底ではどうなのか」という意味です：At heart, she is a romantic.（根はロマンチックな人だ）。身振りで heart を示すときには胸（心臓）を触ります。

　一方、mind を示すときは、頭を触ります。これは理性、知識、考えの領域です。on *one's* mind は「印象的で、記憶に残り、気になる」場合に使います That image is engraved in my mind.（そのイメージは強く心に刻みこまれている）。悩みを持っているときは、I've got a weight on my mind.（心配事があるんだ）と言います。意見という意味では a piece of *one's* mind が使われます：I gave him a piece of my mind about his comments.（その発言について彼に率直な意見を伝えた）。この場合、おそらく反発しているのでしょう。*something* weighs on *someone's* mind は「心配の種がある、気懸かりだ」という意味です：His strange behavior weighs on my mind.（彼の奇妙な行動は気がかりだね）。

　soul は「魂、霊、生命、思考、行動の根源」で何よりも形がないものです。soul は、人が亡くなっても永遠に存在する不滅なものだとする人が多くいます。亡くなった人のことを語るとき、God rest his［her］soul. というのは、そのような考えからです：My father, God rest his soul, was kind to everyone.（私の父親は —— 彼の霊を休ませたまえ —— どんな人にも優しかった）。soul music も「魂を込めている音楽」という意味を持っています。

　spirit は「生命の息吹、生気」です：His spirit breathes through his paintings.（彼の精神がその絵に息づいている）。

将来を見据えて

　look のイディオムは幅広いので、さらにいろいろなものを見ていくことにしましょう。

　昔からの知り合いに look up *someone* / look *someone* up を使うと「訪ねる」意味になります。別な用事があってその人が住む場所の近くに行く場合、Look me up when you come to Osaka.（大阪に来たら、連絡してちょうだい）などと言います。

　look up に to を加えると全く別の意味になります：I look up to my father.（僕の父親を尊敬してます）。

　相手を強く注意するとき、非難・驚きを示しながら Look what you're doing!（自分が何をしているか分かってるのか？、なんのつもりだ？）や、Look where you're going!（気をつけて！　ぶつかるところだった）などと言います。

　「将来のことを検討して、これからのことを準備する」は、look ahead です：Looking ahead, we need to be prepared for various types of emergencies.（将来のことを考えると、いろんな非常事態に備えておかないとダメだね）。

　look at 〜 は see とちょっと違う意味合いの動詞です。see はただ「見る」、「目に入る」。look at 〜 は意識的に「目を向けている」、「見ようとする」こと。そこから生まれたちょっと不思議なイディオムに、not much to look at があります。それは、物事や人の見栄えが優れない様子を軽めに言う場合に使います：Our garden isn't really much to look at.（うちの庭には大して見るほどのものはありません）。

　look for 〜 は search と同様に、なくしたものを見つけよう、あるいは、その場にいない人を探すという意味です：I'm looking for a cheap place to eat lunch. Any suggestions?（お昼に高くないところを探していますが、どこかお勧めの店ありますか？）。しかし、be looking for trouble は、あえて問題やけんか、暴力を引き起こすような行動をしようとするという意味です：Those two tough guys are looking for trouble.（あのごろつきはけんかを売ろうとしている）。

ナンセンスなこと

　この本ではなるべく多くの人が多くの場面で使える表現を取り上げていますが、今回のものはちょっとだけ「俗語」っぽいので、相手に悪い印象を与えないために自分では使わない方がいいです。しかし、聞いたときに意味が分かる必要はあるので、あえて入れることにしました。

　bull は bullshit の短縮形で、親しい人にしか使わないですが、絶対禁止ではありません。bull は雄牛のことですが、この場合 bull は「デタラメ、大ぼら、ムダ話」のこと。つまり、ナンセンスなことです。大学時代、寮暮らしの男子はよく夜に集まっていろんな話をしますが、それを bull session、また shoot the bull と言います。「何してるの」と聞かれて、We're just shooting the bull [breeze].（おしゃべりしている）と応えます。

　bullshit というのは「嘘っぽいもの」で、Politics in most countries is bullshit.（ほとんどの国の政治なんて嘘っぱちだ）などと使います。そして、a bullshit excuse は嘘の言い訳です。

　make no bones about 〜 は、「あからさまに言う、遠慮なしにする」という意味です：Rene makes no bones about her dislike of Americans.（ルネは、アメリカ人が嫌いだとあからさまに言います）。この場合、彼女は自分が話すその内容を少しも「恥ずかしい」と思っていないというニュアンスが含まれます。周りに遠慮したり、臆することなく堂々と話すという感じです。

　talk をベースにするイディオムはいろいろとありますが、「口答えをする」は talk back to *someone* で、親や、上司、先生などが対象となることが多い表現です：Don't talk back to your grandmother like that.（そんな風にお婆ちゃんに対して口答えをしてはいけません）。

　長い話の最後に結論を言う前には、to make a long story short（かいつまんで話すと、要するに）と言います：To make a long story short, I'm quitting my job.（早い話が、僕は仕事を辞めます）。

関心があるかないか

care の基本的な意味は、「あるもの［人］は自分にとって大切だから、それ［相手］に関心を持つ、心配する」ということ。人に対しての care about *someone* は、「相手のことが好き、愛している」から、「その人はどうしているか、どうなるかを心配する」ことまで意味します。

ここからは若干複雑になります。I don't care. は、中立的な立場で「私は気にしない、かまわない」という言葉通りの意味になります。しかし、怒って言うと、「かまうもんか、もうどうでもいい」というニュアンスになります。前者の場合は、"Where do you want to eat tonight？" "I don't care."（「今夜はどこで食事する？」「どこでも僕は構わないよ」）で、怒っている場合では、"Your behavior is unacceptable!" "I don't care!"（「君のふるまいはゆるせない」「どうだっていいだろう！」）という答えになります。

意外に思うでしょうが、I could care less. と I couldn't care less. はアメリカ英語では、そっくり同じ意味を持ちます。落ち着いていて、冷静な場合は「全然気になりません、全く平気です。」との意味です。しかし、怒って、I couldn't care less about that. と言うと「そんなことは痛くもかゆくもない」、I could［couldn't］care less what people are saying.（人がどう言おうと知ったことか）ということになります。

That figures. はアメリカ英語で「起こることは予測される」あるいは「普通だ、基準的だ」のニュアンスで、「なるほど、もっともなことだ」という意味になります：The bank's computers are down again. That figures.（銀行のコンピューターがまた故障しているけど、そんなもんだよ）。

figure ～ out／figure out ～ は「（人・物事）を理解する」ことで、解決や理解ができるまで考えるという意味です：I can't figure Yuri out.（百合のことが理解できないんだ）／I'm trying to figure out if I can afford to buy a condo.（マンションが買えるかどうかを考えているところさ）。

邪魔をしないで！

　イライラさせられた相手に対しては、その状況に応じたちょうどいい表現を選びたいものです。

　はっきりとした、強めなものには、Leave me alone!（ほっておいてよ）があります。スラングでは Buzz off!（さっさと行ってしまえ、向こうへ行って！）と言います。おそらく蜂がブンブンとうるさいということから、buzz が使われるようになったのでしょう。他に、Don't bother me!（煩わさないで！）もあります。特に、つまらないことに対しては、Don't bother me with such trivial matters.（つまらないことで私を煩わさないでくれ）と言います。

　自分を批判したり、文句を言ってきたりする人に言う Get off my case!（ほっといてくれ！、人のことをあれこれ言うのはやめてくれ）は、かなり強い言い方ですから注意が必要です。

　職場での人間関係のフラストレーションや通勤ストレスが溜まって、つい関係のない人に向かって、take *something* out on *someone*（人に当たり散らす）ことがあります。こんな目に遭ったときは、Don't take it out on me!（私に八つ当たりしないでくれ、こちらに当たり散らさないでよ）と応えます。

　「人のせいにしないで」は、don't blame *someone* で、「私のせいにされては困る」は、Don't blame it on me! となります。

　人に怒りを見せてしまっても、その人に怒っているのではなく、「誰かに話を聞いて欲しいだけ」の場合もあります。そういうときは Don't get me wrong. I'm not blaming you.（誤解しないで、あなたを責めている訳ではないんだ）と言います。

　「興奮する、熱狂する」は、get fired up です。ニュアンスはいろいろなので注意が必要です。まずは怒りの意味で、I got fired up.（カッとなった）でこれは抑えたいものです。逆の意味で使う例として、I can't seem to get fired up about this job.（この仕事は気が進まない）があります。

全く同感です

You can say that again! は直訳すれば、「それをまた言えますよ」ですが、そのニュアンスは、相手が言ったこと、意見、気持ちに強く賛成するということです。つまり、「まったくその通りです、同感です！」と強く賛意を示しているのです。You said it! も同じ意味です。

似た表現には、You're telling me!、You're absolutely right!、I agree completely! があり、これらにはあまり違いがないので、好きなものを選べばいいと思います。

もうちょっと複雑な言い方となると、You took the words (right) out of my mouth. となります。（私もそれを言おうと思っていたところです）となります、これもつまり「まったく同感だ」ということ。ちょっと長い言い方なら、That's exactly what I was about to say, you took the words right out of my mouth. 直訳すると「言おうと思った言葉をあなたが私の口から取り出しました」ですが、もちろん、比喩的な意味です。

どんな言語であっても、毎年のように、新しい言葉が作られます。日本ですと、その年に流行した言葉が必ずお正月前後にメディアを賑わせます。女子高生、テクノロジーの世界、政界などからどんどん新しい表現が生まれます。人がこれまで聞いたことのない表現を作ることは、coin a phrase（名句［独自な言い方］を考え出す）と言います。言いたいことが普通の言い方では伝えられないから、自分の想像力で作り上げることです。「うってつけの表現を考え出す」という意味の coin a phrase ですが、実際はみんながよく知っている言葉を引用・借用していて、完全なオリジナルではない場合があります。例えば、友達に It was, to coin a phrase, a hard day's night.（仕事を夜遅くまでやってもうくたびれた）と言ったりしますが、これはもちろん 1964 年のビートルズの曲名からです。

すっぽかされる

　非難されている人や嫌疑をかけられている人の味方になって、守ってあげることは、stand up for *someone* と言います：Ted stood up for me when I made a mistake at work.（職場で失敗をしたときに同僚のテッドが庇ってくれた）。この表現は、人だけではなくて、理想のためにも使えます：We should all stand up for women's rights.（女性の権利を擁護すべきです）。

　自分の番が来るまで、列に並ぶのは stand in line です：We have to stand in line for ten minutes at the cashier.（レジまで10分も列に並ばなければなりません）。

　stand *someone* up は誰かとの約束をすっぽかすこと：He stood me up!（彼にすっぽかされるなんて）。

　略字、略表現の説明に stand for *something* がよく使われます：Etc. stands for et cetera.（略字の etc. はラテン語の *et cetera* を表す）。形式的な集まりの準備で、出席する人数を知りたいとき、招待状に RSVP と記載しますが RSVP stands for *Répondez s'il vous plaît*.（RSVP は「お返事をお願いします」という意味です）ということですが、*Répondez s'il vous plaît* はフランス語で Respond, if you please. を意味します。

　漫画 *Peanuts*（『ピーナッツ』）で主人公の Charlie Brown（チャーリー・ブラウン）や Snoopy（スヌーピー）がひどい目にあったり、困難にぶつかったときによく使う言葉が、I can't stand it!（もうだめだ、もう我慢できない）です。日常会話で使う場合には具体的な目的語を入れて、I can't stand cold weather.（寒いのは嫌だ！）のように使います。また、can't stand *doing something* は、「ある行動が嫌だ、我慢がならない」場合です：I can't stand working in a crowded office.（人がいっぱいいるオフィスで働くのは本当に嫌だ）。

いや、マジで

　相手の言ったことが本当かどうかを確認する場合は、ただ、Seriously? で間に合います：“You can have the job.” “Seriously?”（「君はその職に就けますよ」「本当ですか？」）。

　自分が真面目に言ったこと、企画したことについて、冗談ではないことを主張したければ、I'm dead serious. と言います。もちろん、「死ぬ」という意味ではなくて、真剣であるということです。

　「人を尊敬する、何かを真剣に捉える」は、take 〜 seriously を使います：As a professor, I take my research and my teaching responsibilities seriously.（大学の教授として、自分の研究や指導責任について真剣に受け止めています）。

　相手の本気度に疑問がある場合は、You can't be serious!（まさか）と言いますが、You must be kidding? や You're kidding me! などは「冗談でしょ」という感じなので、目上の人には遠慮した方がいいと思います。

　軽い話をしていて「これから言うのは真面目な話だよ」と伝えたいときには、Seriously though（いや、マジで、真面目な話）と前置きをします：Seriously though, I can laugh about it now, but I was really upset at the time.（真面目な話、今では笑うことができるけど当時は本当にまいったよ）。

　また形容詞の serious には「大量の」という意味があります：In technology, it is possible to earn serious money.（テクノロジーの世界では、高収入を得ることが可能です）。

関わりたくない

　「関わらないで」や「聞かないで」と言いたいときには、**none of** *someone's* **business** が使えます。「体重はどのくらいですか」と聞かれたら、**That's none of your business.**（あなたの知ったことではないでしょう）と言います。また、「あなたと関係ないんだから、聞かないでちょうだい」は、**Mind your own business.** です「この間の男性とどういう関係？」はもちろん失礼な質問で、相手には関係ないことだから答える必要はなく、ただ **That's my business.**（あなたとは関係のないことですから、聞かないで）と言えばいいです。

　「関係したくない、関わりたくない」は **want nothing to do with** と言います：Jason said he wanted nothing to do with the new company.（その新しい会社には関わりたくないとジェーソンが言った）。

　have nothing to do *with* 〜 には人の意図はなく、ただ「関係はない」です。"Is your work related to digital communication?" "No, my job has nothing to do with such high-tech things."（「お仕事はデジタルコミュニケーションと関連がありますか？」「いいえ、そんなハイテクなものとは関係ありません」）。

　「ひょっとしたら…かもしれない」は、**There's a chance that ...** と言います：There's a chance that he will win the game.（ひょっとしたら彼は試合に勝てるかもしれない）。このパターンの中に形容詞を入れると意味が変わります：There's a good chance he will be elected.（彼には選出される見込みが十分にあります）。チャンスが少ない例だと、**There's little chance that he will succeed.**（彼の成功はおぼつかない）、**Our only chance of a flight is if there is a cancellation.**（もし飛行機に乗ることができるとしたら、キャンセルがあったときだけだ）、**I don't think there's any chance she'll come.**（まず、彼女が来る望みはないだろう）などを使います。最後に、**no chance** なら、**There's no chance they will finish in time.**（彼らが締め切りに間に合うように終えられる見込みはない）ということです。

そんなこと聞いていない

　相手に「ニュースや情報を聞いたか」尋ねる場合は、**Have you heard the news（about 〜）?** と言います。会話で話題が進んで、自分の知らないことが登場すれば、**That's news to me.** で「それは初耳です」ということ。**It's the first time I've heard that.** には「事前に誰かに知らせてもらいたかった」というニュアンスがあり、「聞いてないよ！」ということです。

　「それはすばらしい情報だね、それは良かった」は、**That's great news!** です。そして「おめでとう」と加えるのが適切ならば、**Congratulations!** と言いましょう。

　「それはもう古い話」は、**That's old news.** つまり、「みんながもう知っている」**Everybody knows about that.** ということです。「それはうれしい便りだ」は、**That's welcome〔wonderful〕news.** となり、ありがたくない、うれしくない便りなら、**That's unwelcome news.** となります。

　How come? は **Why?** と同じく「どうしてそんなことが起こった」という疑念を表します。

　その件について「ちょうど考えていた、どうなったんだろうと思っていたところ」は、**I was just wondering about that.** のように言います。しかし、何かの状況について聞くと、相手は「どうしてそれを聞くの？」と答えるかもしれません。そんなときは **I was just wondering.**（いいえ、ただどうなったかなと気になっただけ）と言います。特に深い意味がある訳でも、個人的に関係のあることではなく、ただ情報があったら知りたいなあと思ったというニュアンスです。

　There's no way to tell.（それが本当かどうか調べるすべもない）は、「誰にも分からない、さあ？」という意味になります。

　So much for that.（それについてはこれまで）には 2 つのニュアンスがあります。単純な意味では「まあ、このへんで」、もう 1 つは「その程度のものさ」。後者の例として、半年留学しても 1 人でレストランに行って料理の注文もできないなら、**So much for the value of studying abroad!**（留学の成果ってその程度のものか）と言います。

私は決して許さない

相手と意見が合わない場合、I'm afraid を使って、I'm afraid（that）I disagree.（残念ながら、賛成はしません）と丁寧に表現することが必要です。That's not how I see things.（意見に異議があります）は、「こちらから見ると、違いますね」という感じです。

政治家などは報道陣などに「ノーコメント」と言いますが、英語でもそのまま No comment. です。

人間関係がちょっと熱くなった場面の表現では、rub *someone* the wrong way（人を怒らせる）が使えます：He seems to rub everyone the wrong way.（彼はあらゆる人を怒らせるような態度を取っている）／I'm afraid my comment rubbed him the wrong way.（私が言ったことで彼は不機嫌になったみたいだ）。

口語ですが、「絶対それを許さない！」というのは、over my dead body と言います。直訳すると「私の死体を乗り越えて（行け）」ですが、「何かの行いを絶対させない」という意味です：You'll marry him over my dead body！（あいつと結婚するのは絶対許さない！）。

「時間の浪費」は a waste of time で、In my view, that would be a waste of time.（私の意見ではそれは時間の浪費でしょう）のように使います。ただし、相手に対して丁寧に言う場合は、I won't waste any more of your valuable time.（あなたの貴重なお時間をこれ以上割いていただくわけにはいきません）のように言います。

会話で何かの可能性を尋ねられて「見込みは全くありません」は Not a chance. また No chance. とも言います。個人的に好きな表現に灼熱地獄に雪玉は存在できないということからきた I don't have a snowball's chance in hell of ～ があります。例えば、「その試験に合格する可能性なゼロだ」は、I don't have a snowball's chance in hell of passing the exam. のように言います。

何か企んでいる

　口語の What's up?（調子どう？）は簡単な挨拶ですが、相手の様子が何かおかしいときに What's up? You look upset. と言うと「どうしたの？　困っているようだけど」という感じになります。something is up ですと「困ったことがありそう」な場合に使います：Something is up with Brian. He looks really worried.（ブライアンに何かあったんじゃないか。すごく心配そうだから）。

　be up to something はいろいろな意味に用いられますが、1 つは「何か秘密のやってはいけないこと」を意味します：The children are very quiet. They must be up to something.（子供たちはとても静かだね、何か怪しいなあ）。もっとはっきりと「悪いことをやっている」というのは、be up to no good です。He's up to no good.（彼は良からぬことを企んでいる）。

　相手が「興味を持つかどうか、やる気があるかどうか」を尋ねる場合、be up for *something* を使って質問します：Are you up for a picnic if the weather's nice?（天気が良かったら、ピックニックをしない？）／I'm going to drop by the hot spring this afternoon. Are you up for it?（午後に温泉に寄りたいと思っているけど、一緒にどうですか？）。

　「もうたくさん！」と怒っているときは、have had it up to here with 〜 または be up to here with 〜 を使います。例えば、I've had it up to here with his constant complaining.（彼はしょっちゅう不平を言うから、もううんざりなんだ）のように使います。

　何かが「まだ未決定」であることは、be up in the air となります。For various reasons, our trip is still very much up in the air.（諸般の事情で、我が家の旅行はまだ未決定のままです）。

　「誰かの意向に任せる」には、be up to *someone* が使えます。自分では決められないか、自分はどちらでもいいから、とりあえず相手の意見に合わせるという気持ちです。It's up to you. なら「あなたにお任せします」です。

継続は力なり

keep at *something* は、「難しい［きつい］ことが続く」ことを意味します。一番簡単で、よく使われるのは Keep at it! つまり「頑張れ！」です。具体的な例では、You'll never master English unless you keep at it.（こつこつとやらなければ、決して英語をものにすることはできないよ）などと使います。

keep *someone* from *doing something* は、「中止させる、止めさせる、拒否する」ことに使います：I try to keep my dog from chewing on my shoes.（うちのワンちゃんが私の靴を噛むのを止めさせようとしているんですが）／ The book was so boring I could hardly keep from falling asleep.（あの本はあまりにもつまらないので、寝込みそうだった）。

情報やニュースを誰かに「知らせないようにする」は keep *something* from *someone* です：The government has tried to keep this information from the public for years.（政府は何年間もこの情報が国民に広がらないように努めている）。

「何かを続ける、何回も繰り返す」は keep on *doing something* を使います：She had the desire and the confidence to keep on trying.（彼女は頑張り通すだけの目的意識と自信を持っていた）。

Keep up the good work! は、励ましの言葉で、「その調子で頑張ってください」。keep up 〜 / keep 〜 up を使った例としては、We told jokes and happy stories to keep our spirits up.（冗談と明るいお話をして、なるべく気分が上るようにした）／ It's important to keep up with friends by telephone, email etc.（電話、メールなどであっても、友達との交流は続けたいものです）もあります。

特に 1950 年代、1960 年代にアメリカ人が使った言い方があります。Jones は一般の家族名ですが、the Joneses は「隣の人々」という意味になります。keep up with the Joneses（隣人と張り合う）は、例えば、隣に新しい車があれば、こちらも欲しくなるといった「周りの人達が持っているものを欲しがる」という精神状態を意味します。

今に見ていろ

　show は何かを「見せる」だけではなく、場合によっては「証明する」という意味になります。show（that ［what など］）の例としては、Statistics show that inflation has risen 7% this year.（統計データによると、今年のインフレ率は 7% 上昇するということだ）、She wants to show what she can do.（彼女は自分ができることを見せたいのです）などがあります。

　自分が相手より優れていることを意地でも見せるのに、I'll show them!（待ってろ！　今にあいつらに分かるから）と言います。

　初めて来た人に、面白いところ、役に立つところを「案内する」は show *someone* around です：Let me show you around the neighborhood.（この近辺をご案内しますから）。

　カジュアルな言い方ですが、相手が待っているところに到着するのは show up と言います：Allison showed up just after we arrived.（私たちが着いてから、まもなくアリソンが到着しました）。

　自分の能力、成し遂げたこと、持ち物を「人に見せびらかす」は、show off *something* です。Local kids are eager to show off their skills on the neighborhood basketball court.（近所に住んでいる子供たちは、近くのバスケコートで自分たちのテクニックをひけらかしたがる）。

　チームメイトに自分の格好良さを見せたがる人がいるのは嫌なものです。チームのためではなくて、自分のカッコイイところを見てもらいたい人は a showboat と言います。動詞としても He was showboating and not helping the team score at all.（彼は目立ちたがり屋で、チームの得点にまったく貢献していなかった）のように使います。

　アメリカの小学校では、show and tell が行われます。クラスメイトの前で家から学校に持ってきたものを見せながら説明する活動です。形容詞として使って show-and-tell time とも言います。自由になんでも持ってきてよいことになっています。

それはやりすぎだ

carry のイディオムをいくつか見てみましょう。carry out *something* は、「企画を作って実現させる」こと。特に大変なことをこなすのは carry *someone* through。Her confidence and past experience carried her through. （彼女の自信とこれまでの経験で乗り切ることができた）。

言語学の用語に register すなわち「言語の使用域」、「ある特定な場での特有な言葉使い」というものがあります。それは「丁寧さ」とか「カジュアルさ」の度合いではなく、「適切さ」を示します。例えば、「研究［実験］について話し合う」は、carry out research［an experiment］と言いますが、文章の場合はこの言い方がちょっと formal ではないので、conduct research［an experiment］を使います。同じように、研究者が問題に直面することは come across と言いますが、文章の場合は encounter を使います。

この register は日本語でいう「敬語」とは異なるものです。学校での英語教育のなかでは、なかなかこのことに触れる機会がないのが残念なので、少し取り上げました。

get carried away、be carried away は、「興奮する、調子に乗りすぎる」ことで、Don't get carried away.（興奮しないで、落ち着いて）などと使います。反省して相手に謝るときは I'm sorry; I got carried away by my emotions.（ごめんなさい。つい感情に流されてしまったの）のように言います。さらに、carry *something* too far［to extremes］は「やり過ぎる、言い過ぎる」こと：His jokes are okay, but sometimes he carries things too far.（彼の冗談はまあいいんだけど、たまにはやりすぎることもある）。

「仕事や活動を続ける」は、carry on *something* です：Rescue operations were carried on in spite of the storm.（嵐をついて救助作業が続けられた）／ The construction site next to our office is so noisy, it's difficult to carry on our work.（会社の隣の工事現場がうるさくて、仕事をするのに一苦労する）。

有り合わせのもの

　単独で使う throw はものを「投げる」ですが、文脈によって意味が変わってきます。throw が出てきたら、辞書の最初の定義だけでよしとしないで、「どの throw かなあ」と想像力を働かせて、色々とイディオムを見て、ぴったりの訳語が出るまで最後の最後まで調べることが大事です。

　throw away 〜／throw 〜 away はただ「投げる」のではなく、「欲しくないもの、いらないもの」を「処分する」こと。You should throw this old junk away.（この古いガラクタは捨てた方がいいよ）。しかし、具体的なものだけに限られている訳ではありません。例えば、She threw away a college education and a professional career to become a carpenter.（彼女は大学教育も専門職に就くことも投げ打って大工になった）などと使います。

　throw out は「捨てる」という意味もありますが、その他に会社や大学から追い払う、つまり「首にする、退学させる」ことを意味します。また、裁判においては訴訟を却下することを、throw out a case と言います。

　いろんな機会で「人と出会って知り合う」ことは、throw together と言います：In my work, I'm thrown together with people from different countries.（私の仕事では、いろんな国の人と出会うことができます）。対象が「人」ではなく「もの」の場合は、違う意味だと思った方がいいでしょう。Let's throw together some sandwiches and have a picnic. の throw together は「手早く作る」ことで、「簡単なサンドイッチを作って、ピックニックしよう」という意味になります。

　throw *something* up にはいくつかの意味があります。走っている車が「埃を舞い上げる」、建設会社が早く建物を「作り上げる」などですが、throw up だけですと「吐く」となります：Whatever she ate made her throw up.（何を食べたか分からないが、彼女はもどしてしまった）。

馬の耳に念仏

　文化によって特定のものを表す言葉のイメージが異なることがあります。英語と日本語のイメージが似ているものもあれば、想像しにくいものもあります。

　鴨は水鳥ですから、雨が降っても平気、そして水に濡れても気にしません。そこで、like water off a duck's back は「何の効果も影響もない」という意味になります：My warning rolled off him like water off a duck's back.（私の警告も彼にはカエルの面に水だった）。

　友人に「面接はどうだった？」と聞いて、相手が It went like a dream. と答えるとすると、これはどういう意味でしょうか。実は like a dream というのは「非常に簡単で、努力なしに、スムーズに」という意味になるのです。「面接はあっけないほど簡単に終わった」ということです。

　私が個人的によく使う表現ですが、「非常に疲れて、寝不足な」という自分の状態のことを I feel like death warmed over. のように言います。「ものすごく疲れた」ということですが、強調したいのは「死んだその後の状態だよ」という、ユーモラスな表現として使うことです。

　like hell は「地獄」とは全く関係なくて、ただ very hard、very much と強調する意味で使用します。She tried like hell to get him to change his mind.（彼の気持ちを変えようと必死になった）。

　like a house on fire は、ほとんどが木造であった時代に生まれた表現だと思われます。木材で出来た家は「即座に、早く」燃え上がることから、そこから意味が独立して「非常に早く、盛んに」ということになりました。ある製品が「うまく売れるようになりましたか？」と聞かれて、Everything went like a house on fire. と答えるとそれは「すべてはうまく都合よくいった」という意味です。「あの人との関係はどうなった？」という質問への答え We get along like a house on fire. は、「とても仲良くやっているよ」ということで、すぐ意気投合してうまくいっているというニュアンスです。

[著者紹介]

ジェームス・M・バーダマン (James M. Vardaman)

1947 年、アメリカ、テネシー州生まれ。プリンストン神学校、修士、ハワイ大学アジア研究専攻、修士。早稲田大学名誉教授。

著書に、『世界に紹介したい日本の 100 人』(山川出版社)、『シンプルな英語で話す日本史』『シンプルな英語で話すアメリカ史』『シンプルな英語で話す西洋の天才たち―Western Genius』(ジャパンタイムズ出版)、『英語で話す「仏教」Q&A』(講談社バイリンガル・ブックス)、『外国人によく聞かれる日本の宗教』『日本現代史』(IBC パブリッシング)、『地図で読むアメリカ』『毎日の英文法』『毎日の英単語』(朝日新聞出版)、『アメリカの小学生が学ぶ歴史教科書』(ジャパンブック)、『アメリカ南部』(講談社現代新書)、『黒人差別とアメリカ公民権運動』(集英社新書)、『アメリカ黒人史―奴隷制からBLMまで』『英語の処方箋』(ちくま新書)など多数ある。

英語感覚を身につけるための「ネイティブの常識」
えい ご かんかく み じょうしき

© James M. Vardaman, 2023　　　　　　　NDC830／223p／19cm

初版第 1 刷――2023 年 9 月 10 日

著　者―――ジェームス・M・バーダマン
発行者―――鈴木一行
発行所―――株式会社 大修館書店
　　　　　　〒113-8541 東京都文京区湯島 2-1-1
　　　　　　電話 03-3868-2651 (販売部)　03-3868-2292 (編集部)
　　　　　　振替 00190-7-40504
　　　　　　[出版情報] https://www.taishukan.co.jp

ブックデザイン―bitter design (矢部あずさ＋岡澤輝美)
イラスト―――飯村俊一
編集協力―――細田繁
印刷所―――精興社
製本所―――難波製本